Mark Twain in Berlin

ANDREAS AUSTILAT

Mark Twain in Berlin

BUMMEL DURCH DAS EUROPÄISCHE CHICAGO

berlin edition im
be.bra verlag

Bibliografische Information der Deutschen Nationalbibliothek
Die Deutsche Nationalbibliothek verzeichnet diese Publikation in der Deutschen Nationalbibliografie; detaillierte bibliografische Daten sind im Internet über http://dnb.d-nb.de abrufbar.

Titel der Originalausgabe: *A tramp in Berlin*

berlin edition im be.bra verlag GmbH
Berlin-Brandenburg, 2014
KulturBrauerei Haus 2
Schönhauser Allee 37, 10435 Berlin
post@bebraverlag.de
Lektorat: Marijke Topp, Berlin
Umschlaggestaltung und Satz: typegerecht, Berlin
Schrift: 10/14 ITC Century Book
Druck und Bindung: Friedrich Pustet, Regensburg
ISBN 978-3-8148-0206-0

www.bebraverlag.de

Inhalt

Berlin ist ein leuchtendes Zentrum der Intelligenz – ein Ort, wo die Errungenschaften der gesamten Forschung dem zur Verfügung stehen, der danach sucht. Berlin ist eine wunderbare Stadt für diese Art von Chancen. Sie lehren hier alles. Ich glaube, es gibt nichts auf der ganzen Welt was du in Berlin nicht lernen kannst, außer der deutschen Sprache.

MARK TWAIN

Der Blick des Fremden

VON HARALD MARTENSTEIN

Dieses Buch stellt einen weltberühmten Klassiker vor, und gleichzeitig einen nahezu unbekannten, noch zu entdeckenden Autor, beide heißen Mark Twain. Der Erfinder von Tom Sawyer und Huckleberry Finn war eine ganze Weile englischsprachiger Feuilletonist in Deutschland, der in Berlin lebte und für verschiedene Blätter Artikel über deutsche Kultur und deutsche Gewohnheiten verfasste.

Twain-Kennern sagt man damit nichts Neues. Neu ist die Erkenntnis, dass Twains Berliner Werk umfangreicher war als bisher vermutet. Die New Yorker Verlegerin Eva C. Schweitzer und der Berliner Autor Andreas Austilat haben in Archiven in Berlin und Berkeley Unbekanntes, Verschollenes und Vergessenes von Mark Twain zutage gefördert. Ihnen ist zu verdanken, dass hier, in dieser Zusammensetzung, tatsächlich ein gänzlich neues Buch von und über Twain vor Ihnen liegt, mehr als hundert Jahre nach seinem Tod.

Die Leserinnen und Leser werden Mark Twains Stimme sofort wiedererkennen – den Sarkasmus, den Witz, die genaue Beobachtung. Die Texte sind kurz, ihr Thema ist meist der Alltag, heute würde man so etwas wohl »Kolumnen« nennen.

Twain war insofern ein Prototyp des modernen Intellektuellen, als er zeitlebens scharfe Gesellschaftskritik mit einem mindestens so stark entwickelten Wunsch nach gesellschaftlicher Anerkennung zu verbinden wusste.

Der Kleinstädter und Autodidakt Twain, 1835 geboren unter dem Namen Samuel Langhorne Clemens, aufgewachsen in Hannibal, Missouri, versucht sich als Steuermann, als Goldgräber, als Reporter und Verleger, und erst, als er sich den dreißig nähert, kommt seine schriftstellerische Karriere in Fahrt. Er wählt ein Pseudonym aus der Sprache der Fluss-Schiffer des Mississippi. Mark Twain heißt: Zwei Faden Wassertiefe. Das sind fast vier Meter. Twain will einerseits ein tiefes, andererseits ein einfach zu befahrendes Wasser sein.

Twain ist immer viel gereist, und er liebte Europa. Dort hat er, mit und ohne Familie, neun Jahre seines Lebens verbracht. Er konnte sich das leisten, seine Bücher waren erfolgreich. Als Geschäftsmann dagegen scheiterte er. 1891, also mit Mitte fünfzig, längst etabliert und berühmt, kommt er nach Berlin. Die funkelnde Weltstadt befindet sich in einer der besten Phasen ihrer Geschichte, sie gefällt ihm sofort, sie fasziniert ihn, und er richtet sich auf längeres Bleiben ein.

Twain ahnt noch nicht, dass er Amerika sehr lange nicht wiedersehen wird. 1894 enden die Druckerei und der Verlag, an denen er Beteiligungen hält, nach längerer Krise endgültig im Bankrott. Twain, der Erfolgsautor, hat jetzt hohe Schulden. So etwas kommt also nicht nur bei Leonard Cohen vor, oder bei deutschen Schauspielern, die in Ostimmobilien investieren.

Um seine Schulden abzuzahlen, wird der nicht mehr ganz junge Mann jahrelang auf Lesetour gehen, kreuz und quer durch die Welt. Er bleibt eine Weile in Wien; in einem niederösterreichischen Dorf, Kaltenleutgeben, setzt er sich an seine Autobiografie. In diesen späten Jahren wird sein Ton ernster, härter, bitterer, nicht nur wegen seiner Finanzen. Drei von Twains vier Kindern und seine Frau Olivia, der wichtigste Mensch seines Lebens, sterben vor ihm.

Aber in Berlin, im Herbst 1891, zu Beginn seiner langen, auch traurigen Reise, scheint die Welt noch in Ordnung. Und

Twain stürzt sich in diese Stadt. Er beobachtet, er schreibt, und er lernt sogar Deutsch, immerhin gut genug, um den Struwwelpeter ins Englische zu übertragen.

In Berlin verbrachte Mark Twain ausgerechnet einen Winter. Wie jeder weiß, ist das nicht die schönste Jahreszeit der Stadt. Und er wird auch bald krank, vier Wochen, schwere Lungenentzündung, und verpasst deshalb erst einmal eine Einladung von Kaiser Wilhelm (die nachgeholt wird). Die Wohnung in der Körnerstraße in Tiergarten, nahe der Potsdamer Straße, die Olivia ausgesucht hat, weil sie nicht teuer war, ist offensichtlich ein Desaster. Im März flüchten Mark und Olivia aus Berlin nach Südfrankreich. Wären sie doch im Sommer gekommen! Aber es ist nicht nur der Berliner Winter, der die Familie vertreibt, es ist auch der ständige Geldmangel. Zu allem Überfluss führt Berlin im Januar 1892 noch eine Steuer für Ausländer ein. Berlin, so schlägt Twain der »National-Zeitung« vor, solle lieber Hunde besteuern, die ihn mit ihrem Bellen nerven. Und so geschieht es inzwischen auch,– heute werden Hunde besteuert, und so hatte Twain tatsächlich Einfluss.

Andreas Austilat erzählt auf den folgenden Seiten die höchst unterhaltsame Geschichte dieser Monate, wo manches dem Leser von heute durchaus bekannt vorkommt – vom brummigen Berliner Hausmeister, der aus dem Bett geklingelt wird, bis zum schimpfenden Berliner Straßenbahnfahrer, der einen Schwarzfahrer erwischt. Aber zum Glück der Leser sind Twains Berliner Monate nicht nur eine Leidenszeit gewesen. Er begeistert sich für vieles, für den Berliner Kachelofen, die Berliner Architektur und die neuen, breiten, schnurgeraden Straßen der Gründerzeit, und er glaubt sogar, dass Berlin die am ordentlichsten reglementierte, allerdings auch am meisten reglementierte Stadt der Welt sei, die Stadt, wo sie eine Regel für alles haben, und wo die Behörden und die Polizei niemals etwas vergessen.

Das mag überraschend klingen für den zeitgenössischen Berliner, der eine Stadt gewohnt ist, deren Stadtväter nichts so richtig auf die Reihe bekommen, keinen Flughafen, keine S-Bahn, die auch im Winter fährt, keinen Hauptbahnhof, der überdacht ist, keine Schulen, wo die Kinder auch etwas lernen – selbst der Zoodirektor lässt sich von einem Affen den Finger abbeißen. Liest man Twains Berichte aus dem Berlin von 1891, hat man rasch den Eindruck, der Letzte, der hier korrekt ein Bauwerk errichten konnte, mit fließend Wasser und allem, war Kaiser Wilhelm. Kein Wort, in meiner Gegenwart, gegen Kaiser Wilhelm!

Ein Reporter schlägt Twain einmal vor, ein Buch über Berlin zu schreiben, die aufstrebende Weltstadt. Es gebe doch von ihm ohnehin schon einige Texte über Berlin. Twain erwidert sinngemäß, dass er satirisch schreibe und es hasse, wenn Europäer in den USA die Gastfreundschaft der Amerikaner in Anspruch nehmen, und dann anschließend in ihren Texten ahnungslos oder arrogant über das Land urteilten. Das will er Berlin nicht antun.

Erfreulicherweise hat Twain sich nicht immer daran gehalten. Er hat satirisch über Berlin geschrieben, er hat über Berlin geurteilt, aber, wie Sie feststellen werden, nicht arrogant und schon gar nicht ahnungslos.

Mark Twain in Berlin

VON ANDREAS AUSTILAT

Das Brandenburger Tor mit der Siegesgöttin Viktoria auf ihrem Streitwagen, gezogen von vier bronzenen Pferden, war einst der Haupteingang nach Berlin. Hier liegt der Pariser Platz, historisches Terrain, umgeben von Botschaften, Banken und Bürohäusern, dem Nobelhotel Adlon und der Akademie der Künste. Direkt am Tor ist ein kleines Museum dem Maler Max Liebermann gewidmet, der einst hier lebte. Den Auftrag zur Anlage des Platzes erteilte 1730 Preußens König Friedrich Wilhelm I.; das klassizistische Tor kam erst sechzig Jahre später dazu. Der Boulevard Unter den Linden, der am Tor beginnt, war der Königsweg in die Stadt, hier ritten die Monarchen vom Schloss zur Jagd in den Tiergarten.

Heute herrscht auf dem Pariser Platz jahrmarktähnlicher Trubel: Musiker, Jongleure und Amateurschauspieler posieren für Fotos verkleidet als preußische Hoheit, russischer Soldat oder Berliner Bär, aber auch als Darth Vader oder Mickey Mouse. Indianer im vollen Federschmuck spielen *El Condor Pasa*, und Demonstranten jeder Art halten Mahnwache vor der amerikanischen oder der nahen russischen Botschaft. Pferdekutschen und Touristen bevölkern den Pariser Platz. Genau hier, in einem Hotel mit Blick auf das Brandenburger Tor, lebte vor hundertzwanzig Jahren der amerikanische Humorist, Journalist, Auslandskorrespondent, Romancier und Reiseschriftsteller Samuel Langhorne Clemens, besser bekannt als Mark Twain.

»Berlin ist eine neue Stadt; die neueste, die ich je gesehen habe«, schrieb Twain voller Staunen in seinem Reiseessay für die *Chicago Daily Tribune* (heute *Chicago Tribune)*, der im April 1892 veröffentlicht wurde. »Der Großteil des heutigen Berlin hat nichts mit der Vergangenheit zu tun. Das Gelände, auf dem es steht, hat Tradition und eine Geschichte, aber die Stadt selbst hat weder Tradition noch Geschichte. [...] Die Masse ihrer Bauten sieht ganz so aus, als wären sie letzte Woche errichtet worden [...] Keine andere Stadt macht einen derart geräumigen Eindruck, frei von Gedränge. Keine andere Stadt hat so viele schnurgerade Straßen.«

Twain und seine Familie – seine Frau Olivia, die drei Töchter Susy, Clara und Jean und seine Schwägerin Susan Crane – verbrachten den Winter 1891/92 in der deutschen Hauptstadt. Zuerst mieteten sie eine Wohnung im Bezirk Tiergarten, eine gemischte Nachbarschaft in einer nicht besonders leisen Straße. Drei Monate später wechselten sie in das bedeutend standesgemäßere Hotel Royal Unter den Linden. Der Boulevard verband das gewaltige, von einer grünen Kupferkuppel gekrönte Schloss an der Spree, Regierungssitz und Stadtwohnung des Kaisers, mit dem Tiergarten. Gesäumt wurde er von Luxushotels und Adelspalais, von der Friedrich-Wilhelms-Universität, der Königlichen Oper, der Königlichen Bibliothek und dem Zeughaus; nahebei lagen die Ministerien und Bankhäuser der Wilhelmstraße.

Twain war im Berlin der 1890er Jahre höchst prominent. Er verkehrte mit Diplomaten, Gelehrten, Prinzen und Prinzessinnen, und er wurde sogar von Wilhelm II. eingeladen. Über Twain erschienen Artikel in Zeitungen, Berliner grüßten ihn auf der Straße. Er arbeitete an Büchern, Artikeln und Reisegeschichten, er hielt Reden, er forschte, etwa über den Philosophen Arthur Schopenhauer und über Wilhelmine von Preußen, die Schwester Friedrichs des Großen. Er übersetzte den *Struwwelpeter*, um das Kinderbuch in den USA als *Slo-*

Die Familie Clemens: Mark Twain (oben links), seine Frau Olivia (oben rechts), seine Töchter Susy (unten links) und Clara (unten rechts).

venly Peter herauszubringen. Zugleich dirigierte er sein amerikanisches Verlagsgeschäft aus der Ferne. Er kommentierte die politischen Verhältnisse in Deutschland in diesen turbulenten Zeiten und hielt sich dabei nicht zurück.

Berlin war für europäische Verhältnisse bis in die Mitte des 19. Jahrhunderts keine besonders beeindruckende Stadt. Das sollte sich nach 1871 ändern, als Frankreich besiegt und Berlin Hauptstadt des unter Bismarck vereinigten Deutschen Reiches wurde. Der »Eiserne Kanzler« regierte Deutschland bis 1890, als ihn der neue, noch junge Kaiser Wilhelm II. entließ. In dieser Gründerzeit und den Jahren danach entstanden unzählige Fabriken; Bahnhöfe wurden errichtet und Bahnlinien erschlossen das ganze Land. Deutschland schickte sich an, England, das Mutterland der Industrie und Werkbank der Welt, zu übertrumpfen. Bis dahin hatten die Kirchtürme noch die Zeit vorgegeben, jetzt übernahmen die Bahnhofsuhren diese Aufgabe, und sie schlugen überall im gleichen Takt. Die Modernisierung nahm ein Tempo auf, das für die Zeitgenossen atemberaubend war. Elektrische Straßenbeleuchtung ersetzte an den Boulevards die Gaslaternen, die doch gerade erst der letzte Schrei gewesen waren. 1888 wurde Unter den Linden elektrisiert, 1891, das Jahr, in dem Twain nach Berlin kam, erhob sich Otto Lilienthal, der »Vater der Luftfahrt«, vor den Toren Berlins als erster Mensch mit einem Gleiter erfolgreich in die Luft.

Damals trieb die Industrialisierung Hunderttausende von Arbeitsuchenden nach Berlin, viele aus den Provinzen Schlesien, Pommern, Ost- und Westpreußen. Auf dem Reißbrett wurden vollständig neue Bezirke auf den Feldern rund um Berlin geplant. Tausende von Mietskasernen säumten die von Twain so bewunderten schnurgeraden Straßen, rasch hochgezogen, oft genug eng und ohne Sonnenlicht. Die Bevölkerung Berlins verdreifachte sich, von einer halben Million Menschen 1860 auf anderthalb Millionen 1890. 1921, nach

Clara, Olivia, Jean, Mark Twain und Susy; 1886.

der Eingemeindung des Umlandes, hatte Berlin vier Millionen Einwohner und war die drittgrößte Stadt der Welt nach London und New York.

Keine Frage, Twain übertrieb, als er die Modernität Berlins beschrieb – aber nur ein bisschen. Denn neben dieser brandneuen Stadt wirkte selbst Chicago altehrwürdig. In dieser neuen Metropole sollte Twain einen interessanten Abschnitt seines Lebens verbringen, der jedoch weitgehend in Vergessenheit geraten ist. Von seinem Aufenthalt in Berlin berichten nur wenige Quellen: Ein paar Dutzend Briefe, die handgeschriebenen Tagebücher von Twain und seinen Töchtern Clara und Jean, einige Artikel aus New Yorker, Chicagoer und natürlich Berliner Blättern und ein halbes Dutzend Augenzeugen, einige mehr, andere weniger vertrauenswürdig. Die meisten Geschichten, die Twain selbst über Berlin geschrieben hat, sind bis heute nicht veröffentlicht worden. Und so blättert dieses Buch ein unbekanntes Kapitel aus Twains Leben auf.

Die bemerkenswerte Karriere des Samuel Langhorne Clemens begann 1853, als er mit nur achtzehn Jahren das ärmliche Haus der Familie in Hannibal, Missouri, am Ufer des Mississippi verließ (später sollte er seine Kindheitserinnerungen für seinen berühmtesten Roman *Die Abenteuer des Tom Sawyer* verwenden). Er arbeitete als Drucker in St. Louis und als Setzer in New York und Philadelphia. Mit zwanzig wurde er Lotse auf einem Flussdampfer auf dem Mississippi, ein Beruf, der ihm besser gefiel als der eines Königs. Möglicherweise kämpfte er im Bürgerkrieg sehr kurz auf Seiten der Konföderierten. Wahr ist wohl, dass er sich nach nur vierzehn Tagen nach Salt Lake City absetzte, um bald darauf sein Glück als Goldgräber in Nevada zu versuchen. Er schrieb für die Zeitung *Territorial Enterprise* und nahm den Autorennamen Mark Twain an, ein Lotsen-Ausdruck vom Mississippi, der so viel wie zwölf Fuß Wasser bedeutet. Schließlich ließ er sich in San Francisco nieder. Dort begann er, sich einen Namen als Journalist und Reiseschriftsteller zu machen. Seine Karriere sollte ihn in vierzig Länder rund um den Globus führen, und über die meisten von ihnen sollte er schreiben.

Seine erste Überseereise (finanziert von einer Zeitung in San Francisco) brachte ihn 1867 ans Mittelmeer, nach Frankreich und Palästina. Er schrieb *The Innocents Abroad* (»Die Arglosen im Ausland«), das Buch wurde ein Riesenerfolg. Elf Jahre später begab er sich auf seine erste Reise nach Deutschland, danach erschien der Fortsetzungsband *A Tramp Abroad* (»Bummel durch Europa«), der den Essay »Die schreckliche deutsche Sprache« enthielt. Inzwischen war Twain zweiunddreißig Jahre alt, und er reiste gemeinsam mit Olivia, seiner geliebten Frau, die er »liebste Livy« zu nennen pflegte. Sie kam aus einer fortschrittlichen Familie von Methodisten, die die Sklaverei ablehnte; er hingegen war ein liberaler Atheist.

Die Gascogne, das Schiff, das die Familie Clemens nach Berlin brachte.

Zu dieser Zeit hatte das Paar bereits zwei Töchter, die ebenfalls mit an Bord waren: Die fünfjährige Susy und die dreijährige Clara. Sie fuhren auf der *Holsatia*, einem Dampfer der Hamburg-Amerika-Linie. Am 11. April 1878 legte die *Holsatia* an den West Side Piers in New York City ab. Vor ihr lagen zwei sehr stürmische Wochen auf dem Atlantik.

Die Szenerie an den Piers in Manhattan erinnerte an ein Straßenfest. Reisende kamen in Begleitung von Freunden, die Abschied nahmen, während das Gepäck verladen wurde. Die Stimmung wurde nur durch den Nieselregen getrübt, der »aus dem grauen Himmel tröpfelte«, wie die *New York Times* berichtete. Unter den Passagieren war Bayard Taylor, ein berühmter Dichter und Übersetzer seiner Zeit, der zum »Außerordentlichen und Bevollmächtigten Gesandten der USA« in Berlin ernannt worden war. Er war Amerikas kultureller Botschafter bei Bismarck. Taylor wurde von seinem »farbigen Diener« begleitet, wie die *Times* schrieb, während

Bayard Taylor, der als der U.S. Envoy Extraordinary and Minister Plenipotentiary der Gesandte der USA in Berlin war.

bei Familie Clemens ein Kindermädchen mitreiste. Twain und Taylor diskutierten darüber, was sie in der vergangenen Woche getrunken hatten – offensichtlich eine Menge, wenn man dem lauschenden Reporter glauben darf. Twain, der eine kleine schwarze Seidenkappe trug, gestand dem Reporter, wie sehr er den älteren Schriftsteller Bayard darum beneidete, dass der die deutsche Sprache so gut beherrschte. Taylor hat immerhin das deutsche Drama »Faust« übersetzt. »Taylor hatte ein großes Talent für Sprachen und ein Gedächtnis, das einen immer wieder in Erstaunen versetzte«, schrieb Albert Bigelow Paine, der Autor von Twains 1912 erschienener offizieller Biografie. »Er trug deutsche Volkslieder vor, darunter die Lorelei« (traurigerweise verstarb Bayard Taylor einige Monate später in Berlin). Ebenfalls an Bord war die Familie von Murat Halstead, einem Kriegskorrespondenten, dem auch eine Zeitung gehörte.

Twain erzählte dem *Times*-Reporter, dass er aus gesundheitlichen Gründen nach Deutschland reise – er litt an Rheumatismus –, aber dass er auch plane, in aller Ruhe zu schreiben. »Ich werde in die abgelegenste Gegend gehen, die ich in Deutschland finden kann, sagte er. »Fünfzig Meilen entfernt von jeder Eisenbahn, wo ich die Hälfte meiner Zeit verschlafen kann.« Die Familie sollte Heidelberg besuchen, Mannheim, Baden-Baden und den Schwarzwald, dazu die Schweiz und Norditalien. Die Reise sollte zwei Jahre dauern, aber sie behielten ihr Haus in Hartford, Connecticut.

Erst die zweite Deutschland-Reise führte die Familie Clemens nach Berlin, sie begann im Sommer 1891. Wieder wurde der Autor nicht nur von Olivia begleitet, diesmal kamen seine inzwischen drei Töchter mit, Susy, gerade neunzehn, Clara, siebzehn, und Jean, die Jüngste, mit elf Jahren. Ebenfalls an Bord waren Susan Crane, die ältere Adoptivschwester seiner Frau und eines ihrer Hausmädchen, Katie Leary, die jedoch nicht in Berlin bleiben sollte. Aber diese Reise war von Beginn an vollkommen anders als dreizehn Jahre zuvor die auf der *Holsatia*.

Die Familie ging an Bord der *Gascogne*, eines Dampfers der französischen Schifffahrtsgesellschaft *Compagnie Générale Transatlantique* mit Kurs von New York nach Le Havre. Dieses Mal warteten keine Reporter an den West Side Piers, und die Reise war mehr eine Flucht als ein Urlaub. Twain, einer der bestverdienenden Autoren seiner Zeit, war nahezu pleite und verzweifelt bemüht, seine beträchtlichen Ausgaben zu reduzieren. Er hatte all seine Ersparnisse in eine neue, revolutionäre Druckmaschine investiert, die Paige Setzmaschine. Er hatte gehofft, diese neue Technik würde ihn zum Millionär machen, aber der Erfinder, James Paige, bekam die komplizierte Konstruktion nicht in den Griff. Twain hatte bereits 300 000 Dollar verloren, nach heutigen Maßstäben um die sechs Millionen Dollar oder knapp viereinhalb Millionen Euro. Und Twains eigener Verlag, Charles Webster & Co., 1884 gegründet, steckte ebenfalls in ernsten finanziellen Schwierigkeiten. Mit den Memoiren von US-Präsident Ulysses S. Grant, dem Oberbefehlshaber der Armee des Nordens im Bürgerkrieg, hatte die Firma einen Anfangserfolg, das Buch wurde 350 000 Mal verkauft. Auch hielt der Verlag die Rechte an *Huckleberry Finn*, ebenfalls ein Bestseller. Aber Twain verlor mit Websters nächstem Unternehmen, den Erinnerungen von Papst Leo VIII., viel Geld. Das Buch fand nur zweihundert Käufer.

Twain verließ Hartford endgültig, da er fürchtete, sich den teuren Haushalt mit seinen sieben Angestellten nicht mehr länger leisten zu können. Nun plante er, im preiswerteren Europa Geld zu sparen. Außerdem waren alle seine Reisebücher internationale Bestseller geworden, er konnte also hoffen, den Erfolg zu wiederholen. Überdies hatte er einen Vertrag mit dem McClure Syndicate. Samuel Sidney McClures Agentur belieferte Dutzende von Zeitungen in den USA, einschließlich der *New York Sun* und der *Chicago Daily Tribune*. Für die Reise hatte er den Auftrag, sechs längere sogenannte »Reisebriefe« zu schreiben, einen davon aus Berlin. Jeder dieser Briefe sollte ihm tausend Dollar einbringen, so viel wie 20 000 Dollar heute, damals wie heute eine fürstliche Summe für einen Korrespondenten. Deshalb bestieg Familie Clemens die *Gascogne* zwar mit einigen Sorgen, aber auch mit großen Hoffnungen.

Doch Twain reiste nicht nur aus finanziellen Gründen nach Europa, sondern auch wegen seiner angegriffenen Gesundheit. Der Fünfundfünfzigjährige hatte so schweres Rheuma, dass er den Schreibarm kaum bewegen konnte, eine Katastrophe für einen Schriftsteller. Und seine Frau litt seit ihrer Kindheit unter einer Herzschwäche. Das Paar plante, während der ersten, wärmeren Monate mehrere Kurorte aufzusuchen, darunter Aix-Les-Bains in Frankreich und Marienbad, heute in Tschechien, damals im österreichisch-ungarischen Habsburgerreich gelegen. Und wenn die Kursaison im Herbst

Der Pariser Platz mit dem Brandenburger Tor. Im Januar 1892 zog die Familie Clemens von einer Mietwohnung in das Hotel Royal (untere linke Ecke).

enden würde, wollten sie den Winter in Berlin verbringen, der Hauptstadt des gerade vereinten deutschen Kaiserreichs. Der Winter in Berlin kann allerdings sehr unangenehm sein. Erst kommen die nebligen November- und Dezembertage, gefolgt von den langen frostigen Eismonaten Januar und Februar. Die Sonne lässt sich kaum je blicken, erst recht damals, als der Qualm aus Hunderttausenden von Kohleöfen den grauen Winterhimmel verdunkelte.

Doch Twain fand Trost im Kachelofen seiner Wohnung. »Der Berliner Ofen ist der beste, den ich je gesehen habe«, schrieb er 1897, als er und seine Familie längst nach Wien

Unter den Linden, vom Pariser Platz kommend.

weitergezogen waren. »Als wir vor einigen Wintern in Berlin lebten, beluden wir dieses Wohnzimmermonument morgens um sieben mit neun Litern billiger Briketts aus gepresstem Kohlenstaub, ließen das Feuer eine halbe Stunde brennen, schlossen den Ofen und kümmerten uns vierundzwanzig Stunden nicht mehr darum. Den ganzen Tag über und bis weit nach Mitternacht war der Raum wunderbar behaglich.«

Nach ihrer Ankunft im Oktober 1891 bezog die Familie Clemens eine Mietwohnung nahe der Potsdamer Straße, die Twain so beschrieb: »Von beiden Seiten durch Bürgersteige begrenzt, die allein schon breiter sind als die historischen Hauptverkehrsstraßen alter europäischer Hauptstädte.« Das war eindeutig eine Straße des »neuen Berlins«, von dem er so begeistert war. Der preußische Chronist und Romancier

Pohlstraße, Ecke Körnerstraße im Bezirk Tiergarten. Die Familie Clemens lebte für drei Monate in der Körnerstraße 7. Das Haus gibt es nicht mehr, aber es sah vermutlich genauso aus wie diese hier in der Pohlstraße gegenüber.

Theodor Fontane lebte hinter einer dieser großbürgerlichen Fassaden, die damals die Potsdamer Straße säumten – Twain allerdings sollte Fontane nach allem, was wir wissen, nie treffen.

Die Potsdamer Straße war während der Goldenen Zwanziger berühmt für ihre Kunsthandlungen, Antiquitätenhändler und Verlagshäuser wie Rowohlt und Fischer. Aber nach dem Krieg und mit dem Bau der Berliner Mauer, als sie zur Sackgasse mutierte, verkam sie zum Rotlicht-Viertel mit neon-erleuchteten Spielhallen, Currywurstbuden und leer stehenden Häusern, die besetzt wurden. Heute wandelt sie sich wieder in die »nächste große Kunst-Location«, wie die *New York Times* 2011 schrieb, mit dem Künstlercafé *Joseph Roth Diele*, dem *Wintergarten*-Varieté, einem halben Dutzend Kunstgalerien und dem Avantgarde-Modehaus von Andreas Murkudis. Das liegt in der ehemaligen Druckerei des *Tagesspiegels*, gleich neben der Stadtvilla, in der 1874 der Maler Anton von Werner sein Atelier hatte. Hinter dem Hof dieses Ensembles verläuft die Körnerstraße, und Familie Clemens bezog eine Wohnung im Haus Nummer 7.

Leider existiert das Haus nicht mehr und es gibt auch keine Fotos der Körnerstraße aus dieser Zeit. Aber die Bauakte ist auffindbar, sie enthält Zeichnungen von Grundriss und Fassade, sodass man sich eine Vorstellung von der Wohnung und dem Haus machen kann. Es war ein vierstöckiges, vierundzwanzig Jahre altes Mietshaus, also keineswegs »letzte Woche« errichtet, wie Twain in seinem Reisebrief nach Chicago schreibt, aber neben den mittelalterlichen Städtchen, die der Reisende aus Deutschland kannte, vergleichsweise neu. Wahrscheinlich sah das Haus ähnlich aus wie die Häuser, die heute noch an der Pohlstraße stehen, gleich gegenüber. Auf dem Hof des Twainschen Hauses befanden sich ein Taubenschlag und ein Hühnerstall, beide aus Stein, nicht ungewöhnlich damals. Die Familie wohnte im ersten Stock, ihre Wohnung verfügte über fünf Zimmer und ein Wannenbad mit Abwasseranschluss, was damals nicht selbstverständlich war. Der Kaiser ließ sich in sein Potsdamer Schloss gerade erst ein Bad einbauen. Elektrizität hatte das Haus offensichtlich nicht. Jeden Abend um zehn Uhr löschte der Portier das Gaslicht im Treppenhaus. Die Wohnung war möbliert, »bis hinab zum letzten Topfe in der Küche und der Serviette im Schranke«, wie die *National-Zeitung* wenig später berichtete, gleichwohl Olivia nachhaken musste, damit auch das Tafelsilber noch geliefert wurde. Und das wurde sogar extra berechnet. Twain beschwerte sich wiederholt über die Qualität der Matratzen, die er für viel zu hart hielt. Mehr als einmal brachte er den Hausbesitzer dazu, ihnen neue zur Verfügung zu stellen, aber das war nur der Wechsel von »Kalkstein zu Granit und von Granit zu Splitt«, wie er beklagte. Weil er oft im Bett schrieb, war ihm eine komfortable Matratze sehr wichtig.

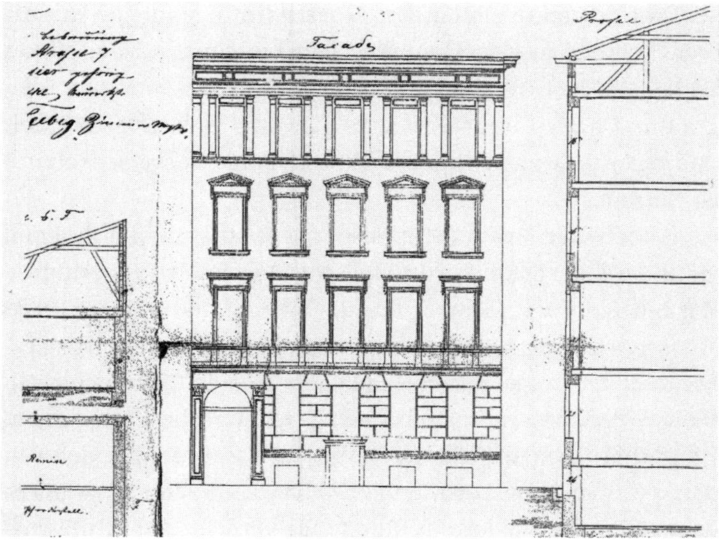

Die Fassade, wie sie 1865 bei der Baupolizei zur Genehmigung eingereicht wurde.

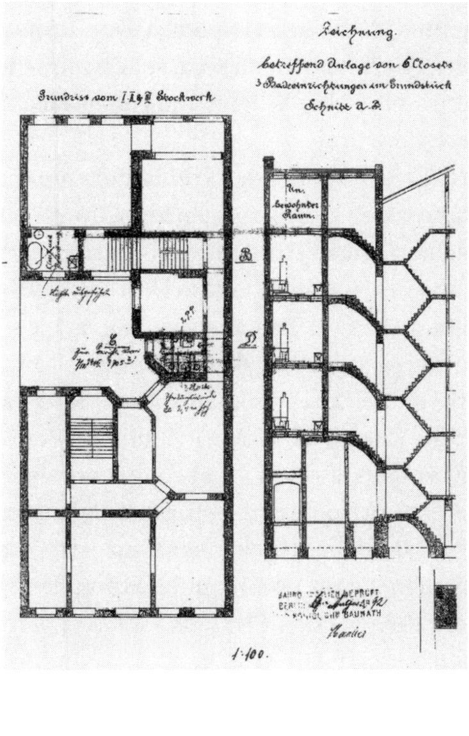

Grundriss der Hochparterre-Wohnung Körnerstraße 7, wo die Clemensens lebten.

Twain machte sich in der Körnerstraße sofort an die Arbeit. Er blieb in ständigem Kontakt mit seinem New Yorker Verlag Charles Webster & Co., per Brief oder auch per Telegramm. Charles Webster war mit Twains Nichte verheiratet, und der Autor hatte ihn auserkoren, seine Verlagsgeschäfte zu führen.

Jedoch war Twain nicht besonders zufrieden mit ihm und zu allem Überfluss wurde Webster, der erst siebenunddreißig Jahre alt war, schwer krank. Deshalb hatte Twain 1888 Websters jungen Assistenten, Frederick Hall, mit der Verlagsleitung beauftragt, und Hall gab sein Bestes, Twains vielfältigen Wünschen zu entsprechen. Twain verbrachte seinem Biografen Paine zufolge in Berlin »viel Zeit damit, sich Gedanken über neue Veröffentlichungen zu machen, vor allem kam er immer wieder mit Plänen für verschiedene Billigausgaben seiner Bücher, Aufsätze und ähnlichem, um sie für ein paar Cents zu verkaufen. Diese Projekte scheinen aber nie realisiert worden zu sein, sehr wahrscheinlich fürchtete Hall, dass eine Flut billiger Ausgaben das wichtige Kerngeschäft stören würde.«

Leider konnte der kränkelnde Autor nicht so viel arbeiten, wie er sich vorgenommen hatte. Am 16. Oktober schrieb Twain seinen ersten Brief an Hall. Darin klagte er, dass er »neulich zum ersten Mal wieder einen Stift gehalten habe, ich werde ein oder zwei Zeilen schreiben, auch wenn der Arzt mir das untersagt hat«. Er denke über eine »Jungs-Geschichte« nach, die er McClure anbieten könne. »Aber mir fällt nichts Rechtes ein.« Er schrieb Hall auch, dass er der einzige Clemens in der Körnerstraße sei, »und möglicherweise auch in der ganzen Stadt«. Also dürfte es für den Briefträger kein Problem sein, ihn zu finden. (Hierin übrigens irrte Twain: Das Berliner Adressbuch von 1892 nennt achtundvierzig Haushaltsvorstände mit dem Namen Clemens.) Er beendete den Brief: »Ich muss aufhören, mein Arm jault.«

Am selben Tag schrieb er noch einen Brief an Franklin Whitmore, den er bat, James Paige aufzusuchen und »ihn an mich zu erinnern«. Whitmore beaufsichtigte in Twains Auftrag die Konstruktion von Paiges Setzmaschine, die dem Autor schon so viel Verdruss bereitet hatte. Vier Tage später drängte Twain Hall, einen Zeitplan für die Veröffentlichung seines gerade fertig gestellten satirischen Romans *The American Claimant* vorzulegen. Das Buch spielt in England und war laut Twain »der erste Roman, der kein Wort über das Wetter verliert«. Den größten Teil des Manuskriptes hatte er einem neuartigen Phonographen diktiert, einem sehr frühen Vorläufer des Plattenspielers. Das Gerät war damals noch recht unüblich, aber wegen des Rheumas probierte Twain es aus.

Ebenfalls im Oktober hielt er einige Beschwerden über das Alltagsleben in Berlin in seinem Tagebuch fest. »So viele Annehmlichkeiten fehlen hier einfach: Füllfederhalter, gute Schreibmaschinen, Gummisohlen.« Er fragte bei seinem britischen Verleger Chatto & Windus nach, ob sie ihm nicht einen neuen Füller von Paul E. Wirt senden könnten, »mittel, nicht zu steif, nicht zu weich«, da er seinen verloren habe, und ohne fühle er sich hilflos. Außerdem fragte er nach einer Ausgabe von *The Table*, einem Kochbuch, das Webster & Co. in New York herausgebracht hatten.

Bedeutend erfolgreicher war Twain darin, sich in Berlin zu vergnügen. Er wurde Mittelpunkt der amerikanischen Gemeinde, und die war keineswegs klein. Damals lebten viele amerikanische Diplomaten, Schriftsteller, Künstler und Geschäftsleute in der Hauptstadt. James Dickie, von 1894 bis 1908 Pfarrer an der Amerikanischen Kirche von Berlin, schätzte in seinem Buch *In the Kaiser's Capital*, dass es zweitausend Auslandsamerikaner in Berlin gebe, gestützt

William Walter Phelps, der amerikanische Botschafter von 1891, und sein Attaché Theodore Bingham. Bingham wurde später Polizeichef von New York.

auf die Meldebehörden. Einer von Twains Freunden war der Botschafter William Walter Phelps, der aus Philadelphia stammte. Twains Töchter verpassten ihm den Spitznamen »Yaas«, wegen seiner eigenartigen Aussprache des Wortes »Yes«. Der Republikaner wurde 1889 von Präsident Benjamin Harrison nach Berlin entsandt. Twain kannte Phelps bereits aus den Staaten. Einer von Twains ersten Berliner Briefen an den Botschafter, vermutlich vom Oktober 1891, bestätigt eine Verabredung für den kommenden Sonntag. »Erst Kirche – wir werden pünktlich um elf dort sein & so fröhlich wie die Fröhlichsten – von dort zum Frühstück, wo wir uns auf eine Weise benehmen werden, die dich überraschen & zufrieden stellen wird. Jean ist noch zu jung, uns zu begleiten (elf Jahre), so sind wir genötigt, für sie abzusagen.« Twain hatte wie so oft »&« anstelle von »und« gesetzt, angeblich, um Zeit zu sparen. Es war eine Eigenart, über die seine Töchter gern witzelten.

Twain traf Phelps nicht nur in dessen Privatwohnung in der Dorotheenstraße 57, sondern auch auf diplomatischen Empfängen in der Botschaft. Die Vertretung residierte zunächst in der Mohrenstraße 66, damals Wilhelmplatz, als Untermieter einer Bank, des Kur- und Neumärkischen Haupt-Ritterschaftlichen Creditinstituts. Im Verlauf des Jahres 1891 ließ die Bank ein repräsentativeres Gebäude auf demselben Grundstück errichten. Die amerikanische Botschaft zog in das Hotel Kaiserhof schräg gegenüber, in die Mohrenstraße 1–5. Das Hotel Kaiserhof, mitten im politischen Machtzentrum des Kaiserreichs rings um die Wilhelmstraße gelegen, war das erste Berliner Luxushotel, das seinen Gästen Elektrizität und ein Telefon in jedem Zimmer bot. Es ist nicht ganz klar, ob Twain die alten oder die neuen Botschaftsräume gesehen hat, wahrscheinlich aber war er im Kaiserhof. Das Grand Hotel wurde im Zweiten Weltkrieg zerstört, heute befindet sich dort die Botschaft von Nordkorea. Das Haus in der Mohrenstraße 66 wird vom Bundesgesundheitsministerium genutzt.

Twain besuchte die Botschaft auch, um dort zu arbeiten. Das war damals für Korrespondenten nicht ungewöhnlich. Und der heimwehkranke Phelps freute sich über amerikanische Besucher. Twain lernte auch Captain Theodore Bingham kennen, den Botschaftsattaché (der später der – eher rabiate – Polizeichef von New York werden sollte). Auch Phelps Tochter Marian wurde eine gute Freundin. Es war Marians »Jugend, Schönheit und Klugheit, die Mark Twain während seiner von Sorgen überschatteten Berliner Tage erfreute«, schrieb Henry Fisher in seinem Buch *Abroad With Mark Twain and Eugene Fields*. Fisher arbeitete für amerikanische Zeitungen wie *Harper's Weekly*, *The New York Sun* und Joseph Pulitzers *New York World*, er kannte Twain aus Chicago. Sein Stil ist unterhaltsam, Twain-Forschern allerdings gilt er als nicht sonderlich verlässliche Quelle, wörtlich sollten seine Memoiren also nicht genommen werden. Marian Phelps heiratete

1891 mietete die US-Botschaft Büros in der Mohrenstraße 66, damals ein Bankhaus, heute ein Ministerium. Die Statuen stellen preußische Generäle dar.

später Franz Johannes von Rottenburg, einen Beamten aus dem Auswärtigen Amt, der zu Bismarcks Vertrauten zählte; Twain nannte ihn Fritz. Ihre Ehe war nicht von Dauer. Ihr Sohn Phelps wurde der erste Gouverneur von Samoa.

Fisher war nicht der einzige Auslandskorrespondent in Berlin, der mit Twain bekannt war. Der Autor traf sich auch mit Henry du Pré Labouchère, Politiker, Enthüllungsjournalist und Herausgeber des britischen Satire-Magazins *Truth*, dem er den Spitznamen »baron-maker« verpasste. Der britische Adlige beförderte Scharen ganz normaler Briten zu Freiherren und Freifrauen (behauptet jedenfalls Twain). Poultney Bigelow, der für verschiedene amerikanische Blätter schrieb, gehörte ebenfalls zu Twains Bekanntenkreis. Bigelow war Spross einer amerikanischen Diplomatenfamilie, aufgewachsen in Potsdam. Zu seinen dortigen Freunden zählte Kronprinz Wilhelm, der spätere Kaiser Wilhelm II., und

Das Hotel Kaiserhof, das luxuriöseste Hotel im wilhelminischen Berlin. Hier war die amerikanische Botschaft für ein paar Monate einquartiert.

dessen jüngerer Bruder Heinrich. Ein paar Monate später bat Twain Frederick Hall, er möge ihm einen Essay schicken, den Bigelow über den Kaiser und deutsche Kriegspolitik geschrieben hatte.

Twains Besuch fiel in spannende Zeiten. Otto von Bismarck, der dreißig Jahre lang fast ununterbrochen erst Ministerpräsident von Preußen und seit 1871 erster Kanzler des von ihm geeinten deutschen Kaiserreichs gewesen war, war gerade von Wilhelm II. entlassen worden, der 1888, als Einunddreißigjähriger, den Thron bestiegen hatte. Als Nachfolger hatte der Kaiser den Infantriegeneral Leo von Caprivi berufen, von dem er sich weniger Konfrontation erhoffte als mit dem »Eisernen Kanzler«. In jungen Jahren war Wilhelm II. zwar nicht das, was man heute als liberal versteht, allerdings war er weniger konservativ als Bismarck, der die gegen die Sozialisten gerichteten Gesetze verschärfen wollte und sich

Der Kaiserhof wurde im Krieg zerstört. Auf dem Grundstück befindet sich heute die Botschaft von Nord-Korea. Links hinten weht deren Flagge.

zudem mit dem politischen Katholizismus anlegte. Wilhelm war zwar Militarist durch und durch, recht eitel und nicht sonderlich klug, aber er unterband Repressionen gegen die polnische Minderheit in den Ostprovinzen, eine Folge der Bismarckschen Germanisierungspolitik. Zudem pflegte er – wie Bismarck – gute Kontakte zu prominenten und wohlhabenden Juden. Er förderte Arbeiterschutzgesetze und unter ihm führte der Reichstag eine progressive Einkommenssteuer ein (das Parlament tagte zu Twains Zeit in der Leipziger Straße 4, während das Reichstagsgebäude noch im Bau war). Das undemokratische Dreiklassenwahlrecht freilich, das den Wert einer Stimme nach dem Steueraufkommen bemaß, blieb unangetastet. Als Twain merkte, dass die deutsche Steuer auch ihn verfolgte, beschwerte er sich bitterlich.

Als Twain in Berlin ankam, waren die politischen Auseinandersetzungen an der Spitze des Reiches noch im vollen

Das Bismarck-Denkmal im Tiergarten, nördlich der Siegessäule.

Gange. Bismarck blieb auch nach seinem Rücktritt eine politische Kraft. Er verschaffte sich über die Presse Gehör, und viele hochrangige Beamte blieben ihm insgeheim loyal. Twain äußerte seine Meinung zu dem Konflikt nie öffentlich, aber es gibt Gründe, anzunehmen, dass er dem Kaiser den Vorzug vor dem Kanzler gab. Wenn man Fisher glauben kann, hielt er Bismarck für einen »Schurken«.

Nachdem Twain mit dem Kaiser im Februar 1892 zusammengetroffen war, schrieb er über ihn in seinem Tagebuch, er sei ein »guter Mann, besser als seine Impulse, einer, der Veränderung will und den es interessierte, was Leute wie ich dachten, und der auf die vornehme Gesellschaft keine Lust mehr hatte«. Und vier Jahre später in London äußerte sich Twain voller Anteilnahme über den sterbenden Georg von Bunsen, ein liberales Mitglied des Reichstags. Er wisse von Poultney Bigelows Frau, dass von Bunsen »eine liberale Rede

Wilhelm II. in seiner Ausgeh-Uniform. Als der Kaiser noch jung war, konnte Mark Twain ihn recht gut leiden.

gehalten hat, die den Zorn Bismarcks erregte«, schrieb er. Daraufhin habe Bismarck Bunsen nicht nur öffentlich missachtet, er habe auch seine Beamten und Offiziere so eingeschüchtert, dass die sich davor hüteten, gesellschaftlichen Umgang mit der Familie zu pflegen. Fünf der sechs Töchter hätten deshalb keinen Ehemann gefunden. Die sechste, Berta, heiratete Ernest Flagg Henderson, einen in Berlin lebenden Amerikaner, der mit den Clemensens befreundet war.

Der Schriftsteller hatte den früheren Kanzler höchstwahrscheinlich nie kennengelernt, er war aber geschmeichelt, von Fisher zu hören, dass Bismarck Twains Bücher mochte, die er einmal zu Weihnachten geschenkt bekommen hatte. Twain fragte nach, woher Fisher denn wisse, dass Bismarck sie auch tatsächlich gelesen habe, worauf Fisher antwortete: »Weil er mich fragte, ob immer noch ganze Dampferladungen voller Yankees in Palästina picknicken gehen, mit Mark Twain als Reiseführer im Gepäck.« Dies ist eine Anspielung auf eine Szene aus *Die Arglosen im Ausland*.

Twain hatte sogar Verwandte in Berlin, eine entfernte Cousine, Alice von Versen, geborene Clemens. Sie war eines von zwölf Kindern von Senator James Clemens Jr. und seiner Frau Eliza, aus St. Louis, Missouri. Der Senator, ein Nachfahre von Einwanderern aus dem englischen Leicestershire, war Twains Groß-Großonkel. Er stand dem verarmten Zweig der Familie, dem Twain angehörte, oft hilfreich zur Seite. Alice war mit Generalleutnant Maximilian von Versen verheiratet, der gerade zum Generaladjutanten des Kaisers befördert worden war. Damit war das Paar Mitglied des kaiserlichen Hofstaates. Mally Wenske, eine heute noch lebende Nachfahrin der von Versens, berichtet, dass sich das Paar kennenlernte, als Alice mit ihrem Vater Berlin besuchte.

Sie verlobten sich 1870 in Dresden, hielten die Verbindung aber zunächst geheim, weil Maximilian in den Deutsch-Französischen Krieg von 1870/71 ziehen musste. General von Versen kannte Amerika von diversen Reisen. Er hatte den Bruder seiner Zukünftigen schon 1869 in St. Louis getroffen und sich mit ihm angefreundet. Von Versen, obwohl Offizier der preußischen Armee, nahm am Krieg zwischen Paraguay und Brasilien teil. Er richtete sogar eine Anfrage an seine Vorgesetzten, auch im amerikanischen Bürgerkrieg mitkämpfen zu dürfen, allerdings ist nicht bekannt, auf welcher Seite. Preußen war in diesem Konflikt offiziell neutral, unterstützte aber den Norden, während Großbritannien und Frankreich zum Süden hielten. Wie auch immer, seine Anfrage wurde abschlägig beschieden. Das Paar hatte fünf Kinder; das älteste, eine Tochter namens Hulda, war in Susy Clemens' Alter, während die jüngste, Elisabeth Alice, erst zwei war, als Twain sie traf. Die Familie wohnte nicht weit vom Brandenburger Tor in der Mauerstraße 36, eine Adresse, unter der um 1820 auch die Salonnière Rahel Varnhagen gelebt hatte.

Wie schon in seinem »Privaten Bericht eines gescheiterte Feldzugs« nachzulesen ist, seinen (möglicherweise er-

Alice Clemens und Maximilian von Versen wohnten in der Mauerstraße 36.

fundenen) Erinnerungen an seine vierzehntägige Teilnahme am Bürgerkrieg, war Twain alles andere als ein Militarist. Doch von General von Versen und dessen Zähigkeit war er beeindruckt. Er las die Aufzeichnungen des Generals über dessen Abenteuer im Krieg zwischen Paraguay, Uruguay, Brasilien und Argentinien und kommentierte in seinem Tagebuch: »habe viele hochrangige Offiziere gesehen – Majore, Generäle, etc., [aber das ist] ein General – ein echter General – ohne eine sonstige Bezeichnung vor dem Titel – das ist ein seltener Anblick für mich – & wenn ich Gen. von V. gewesen wäre, wäre ich in den letzten zwei Monaten ein wenig gewachsen, aber ich kann sehen, dass sich seine Größe nicht verändert hat.« (Von Versen war eher klein.) Er nannte den General »wirklich bescheiden«, dessen »Erzählung von seinem lebensgefährlichen Spießrutenlauf zwischen den brasilianischen & paraguayanischen Stellungen vor 25 Jahren sich so bescheiden und einfach liest wie ein Ausflug mit der Sonn-

Heute gibt es das Haus Mauerstraße 36 nicht mehr. Hier ist nun ein Spielplatz.

tagsschule.« Als Autor allerdings fand er ihn nicht besonders ergiebig. »Aus diesem waghalsigen Einsatz hat er nicht mehr als eine Seite Text gemacht – nur die schieren, kargen, ungeschmückten Fakten. Wenn ich dieses Ding durchgezogen hätte, ich hätte da drei oder vier Bücher daraus gemacht – & es wäre kein einziger Fakt drin.«

Twain war ein häufiger Gast auf den Dinnerpartys der von Versens. Aber er wurde auch zu anderen diplomatischen und gesellschaftlichen Anlässen eingeladen. Eine der ersten Feierlichkeiten fand am 13. Oktober 1891 an der königlichen Friedrich-Wilhelms-Universität Unter den Linden statt, der heutigen Humboldt-Universität. Anlass war der 70. Geburtstag zweier prominenter Wissenschaftler, Rudolf Virchow und Hermann von Helmholtz (die nur zwei Wochen auseinander lagen). Virchow war Pathologe, seine Erforschung des Typhus und der Leukämie war ebenso bahnbrechend wie sein Einsatz für Hygiene und medizinische Grundversorgung der

General Maximilian von Versen (links), der Ehemann von Twains Cousine Alice Clemens. Rechts: Rudolf Virchow, der Arzt, der Bismarck die Stirn bot.

Bevölkerung. Zudem saß er als Abgeordneter der Deutschen Fortschrittspartei im Reichstag. Virchow war ein entschiedener Gegner Bismarcks, der ihn zum Duell forderte, nachdem der Mediziner dessen übermäßige Militärausgaben kritisiert hatte. Traditionsgemäß hatte Virchow die Wahl der Waffen, er schlug vor, einander salmonellenverseuchte Schweinswürstchen um die Ohren zu hauen. Bismarck lehnte ab. Helmholtz war Physiker, seine Grundlagenforschung verhalf dem Verbrennungsmotor zum Durchbruch.

Die Feierlichkeiten gipfelten in einem »Kommers«, einer feierlichen Zusammenkunft der studentischen Verbindungen in einer riesigen Halle, »wundervoll mit Fahnen und verschiedenen Ornamenten geschmückt und brillant erleuchtet«, an der bis zu viertausend Gäste teilnahmen, wie Twain in seinem »Reisebrief« für die *Chicago Daily Tribune* schrieb. »Alle diese aufmerksamen und verehrungsvollen Augen

Hermann von Helmholtz (links), dessen Forschung zum Verbrennungsantrieb führte. Rechts: Theodor Mommsen, der berühmte Historiker, der Twain ähnelte.

konzentrierten sich auf einen Punkt – den Platz, an dem Virchow und Helmholtz saßen.« Als nächstes spielte die Kapelle »einen Marsch, dann gab es eine Pause. Die Studenten auf der Plattform erhoben sich; der Student in der Mitte ließ den Kaiser hochleben, dann standen alle Gäste mit ihren Bierkrügen in der Hand auf.« Nach sehr viel Bier traf ein später Gast ein. Twain sah am anderen Ende des Saals einen »seidenen Glanz und die erhobenen Säbel einer Ehrengarde, die sich ihren Weg durch die vielen Tischreihen bahnte«. Die Masse der Studenten erhob sich wie eine Welle. »Diese höchste Ehre war zuvor noch niemandem zuteil geworden. Dann hörte man an unserem Tisch ein erregtes Flüstern – Mommsen! – und das ganze Haus erhob sich. Die Gäste standen auf, stießen Rufe aus, stampften mit den Füßen, applaudierten und schlugen ihre Bierkrüge auf die Tische. Dann ging der kleine Mann mit den langen Haaren und den Gesichtszügen, die an Ralph

Waldo Emerson erinnern, an uns vorbei und setzte sich auf seinen Platz. Ich hätte ihn mit der Hand berühren können – Mommsen! –, stellen Sie sich das vor!«

Theodor Mommsen war der renommierteste Historiker des 19. Jahrhunderts; 1902 wurde ihm für sein Werk zur römischen Geschichte der Nobelpreis verliehen (sein Enkel, Theodor Ernst Mommsen, emigrierte 1936 in die USA und wurde Professor in Cornell). Twain war wie elektrisiert – »Ich wäre viele Meilen gegangen, um Mommsen einmal zu sehen«, und es freute ihn besonders, dass sie sich ziemlich ähnlich sahen. »Wurde zweimal für Mommsen gehalten«, schrieb er später in sein Tagebuch. »Wir haben die gleichen Haare, aber bei einer genaueren Untersuchung stellte sich heraus, dass sich unsere Gehirne unterscheiden.« Solche Verwechslungen waren ihm schon vorher unterlaufen. Seine Tochter Clara offenbarte der *New York Times*, dass Twain in London für Buffalo Bill gehalten wurde. Aber als Twain nach der Feier, begleitet von Henry Fisher, nach Hause ging, wurde er sentimental. »Virchow ist siebzig Jahre alt«, sagte er. »Nicht mehr lange, dann wird er entweder tot sein oder dieser großartige Verstand wird verdämmern, was für ein Jammer!«

~

Twain amüsierte sich in Berlin, aber von der Körnerstraße hatte er bald mehr als genug. In seinem Tagebuch nannte er die Straße »Paradies der Lumpensammler« und »Slum-Land«. Und seine amerikanischen Freunde dachten ähnlich, wie Biograf Bigelow Paine feststellte. »Entfernte Bekannte sagten, ›Oh je, Körnerstraße‹, Bekannte sagten, ›Du liebe Zeit, finden Sie es gut da?‹. Ein alter Freund rief aus: ›Gute Güte! Wie in aller Welt sind Sie darauf gekommen, sich dort niederzulassen!‹« Twain machte den Immobilienmakler verantwortlich, der ihm eine gehobene Adresse nahe dem Potsdamer Platz versprochen hatte, wo der Adel, sogar Herzöge, scharenweise leben würden. »Sie sind dort so zahlreich wie Gänseblümchen auf der Wiese«, habe der Makler gesagt, ein gewisser Herr Prächtel, den Twain nur »Mr. P.« nannte. Als der Autor einen Blick auf die Fenster in der Körnerstraße warf, machte er Mr. P. darauf aufmerksam, dass er »noch nie so viele Frauen, egal mit welchem Beruf, gesehen habe, die ganz konzentriert auf gar nichts starren«. Daraufhin versicherte ihm der Makler, dass diese Frauen tatsächlich echte Herzoginnen seien, die sich den ganzen Tag auf diese Weise entspannten, weil sie doch »die ganzen Nächte in den Hofsälen tanzten«.

Auch für Twains Töchter war die Körnerstraße kein ihrem gesellschaftlichen Status entsprechendes Quartier, und sie ließen keine Gelegenheit aus, darauf hinzuweisen. In ihren Memoiren malte Clara das Bild von »lärmenden Kindern, die auf schmutzigen Straßen spielten«, und »ungepflegten, halbbekleideten Frauen, die sich immerfort aus den Fenstern gegenüber lehnten, die Ellbogen auf ein bequemes Kissen gestützt«. Mit dem von ihrem Vater geerbten Sarkasmus fügte sie hinzu, dass sie wohl »fürchteten, sie könnten ein oder zwei Straßenschlägereien verpassen«. Sie erwähnte auch ein »rag warehouse« in der Straße. Und Jean schrieb in ihrem Tagebuch: »Wir alle hassten diese Straße.« Sie enthüllte auch, dass die erste Köchin sich als Diebin entpuppt habe, »sie stahl in derselben Nacht, in der sie entlassen worden war«.

Die Familie beschwerte sich nicht nur über den Mangel an adeliger Nachbarschaft, noch mehr störte sie der Lärm. Die Körnerstraße, östlich der Potsdamer Straße, lag dicht an den ausgedehnten Gleisanlagen des Anhalter Güterbahnhofs und des Anhalter Bahnhofs. Twain glaubte, die Straße sei »zweifellos die lauteste auf Erden«. Die ganze Familie habe ihre »gute Laune« verloren, schrieb er in seinem Tagebuch. Unglücklicherweise hatten sie tatsächlich die falsche Seite der Tiergartener Nachbarschaft gewählt. Das bessere Ufer war die andere, westliche Seite der Potsdamer Straße, das sogenannte Kielganviertel, eine gehobene Wohnlage mit schönen Stadtvillen. Das Café Einstein in der Kurfürstenstraße, wo einst die Stummfilmdiva Henny Porten lebte, vermittelt noch heute einen Eindruck davon, wie die Gegend damals aussah. Nach wie vor wird das Einstein gern von Künstlern und Autoren (und Möchtegerns) aufgesucht, während in der Körnerstraße noch immer Kinder auf der Straße spielen, heute meist türkischer Herkunft.

Fisher behauptet, Twain habe den Mietvertrag überhaupt nur unterschrieben, weil zwei Katzen in der Wohnung waren (vermutlich hatte Olivia sie dorthin gebracht). Twain hatte ein großes Herz für Katzen und praktisch immer welche um sich – in Hartford lebten gleich mehrere Katzen. Und es war ohnehin Olivia gewesen, die die Entscheidung für die Körnerstraße getroffen hatte. Sie war mit ihrer Schwester Susan bereits im August 1891 in Berlin eingetroffen, um sich nach einem geeigneten Domizil umzusehen. Ihre Wahl spiegelte das Bedürfnis wider, nicht zu viel Geld auszugeben, und sie war auch keineswegs unglücklich. Ihrer Freundin Harriet Whitmore schrieb sie sogar, wie erfolgreich sie der Familie eine angenehme, sonnige Wohnung gesichert habe. Ihr Mann teilte diese Ansicht überhaupt nicht. Aber seine – ein wenig zugespitzte – Satire *Wie man in Berlin eine Wohnung mietet* wurde von Twain nicht veröffentlicht, weil Olivia es verboten hatte. Sie fand sie peinlich.

~

Ganz offensichtlich bekam Twain nicht die versprochenen adligen Nachbarn – schaut man ins Berliner Adressbuch von 1892, findet sich dort kein einziger Herzog und auch keine Herzogin in der Körnerstraße. Aber das heißt noch lange nicht, dass dort nur arme Leute und »schmutzige, laute Kinder«

lebten. Fabrikarbeiter wohnten dort, ein Fischhändler, zwei Lokführer und einige Witwen, gut möglich, dass unter ihnen auch jene waren, die den ganzen Tag aus dem Fenster starrten, wie Clara es beschrieb. Einige hochrangige Beamte und Offiziere residierten ebenfalls in der Körnerstraße, darunter ein Ministerialdirektor, ein Oberst, zwei Kavallerie-Hauptmänner und sogar ein Bankier. Der Besitzer des Hauses, in dem die Familie Clemens lebte, war übrigens ein Rittmeister im Ruhestand.

Die Körnerstraße war also nicht so ein »Slum-Land«, wie Twain behauptete, sondern eine durchaus gemischte Nachbarschaft. Immerhin wohnten nicht nur Theodor Fontane und der Maler Anton von Werner nicht allzu weit entfernt, auch der Schriftsteller Hermann Sudermann hatte seine Wohnung gleich um die Ecke in der Lützowstraße. Heute ist er in Vergessenheit geraten, aber 1891 war Sudermanns Stück *Die Ehre* ein Riesenerfolg, der ihn zu einem der bestverdienenden deutschen Autoren machte. Allerdings verzog Sudermann schon bald in die Tauentzienstraße, kaufte sich später ein Schloss in Blankensee, einem Dorf südwestlich von Berlin. Ob er Twain jemals traf, ist nicht überliefert.

Das Berliner Adressbuch erwähnt auch einen Holzlagerplatz, drei Häuser von Nummer sieben entfernt. Das war wahrscheinlich Claras »rag warehouse«. Der Platz war wohl das letzte Erbe aus der ländlichen Vergangenheit der Körnerstraße. Bis 1860 war die ganze Gegend noch Bauernland gewesen. Zwar säumten bereits die ersten Häuser die Potsdamer Straße, aber die Körnerstraße gab es noch gar nicht. Das änderte sich 1862, als der Hobrecht-Plan in Kraft trat, ein Stadterweiterungsplan, benannt nach seinem Verfasser James Hobrecht. Der Ingenieur entwarf im Auftrag der preußischen Baupolizei einen Plan aus Ring- und Ausfallstraßen für Berlin, Charlottenburg und die umliegenden Gemeinden. In den Baublöcken zwischen diesen Straßen sollten Wohn-

Das Haus in der Körnerstraße 7 wurde für ein Fernmeldeamt abgerissen, das noch heute hier steht.

häuser für jene anderthalb bis zwei Millionen Neuberliner untergebracht werden, mit denen die Stadtverwaltung rechnete.

Der Hobrecht-Plan war nicht unschuldig am Missvergnügen der Familie Clemens. Nach diesem Plan wurde Immobilieneignern eine Steuer auferlegt, die der Breite ihres Hauses zur Straße hin entsprach, nicht der Größe des errichteten Gebäudes. Und so entstand das klassische Berliner Mietshaus, mit Stuck dekorierten, aber eher schmalen Fassaden vor einem Haus, das sich über mehrere Hinterhöfe zog. Die gehobenen Schichten – Offiziere, Ärzte, Hochschullehrer, Bankdirektoren – lebten im Vorderhaus, vorzugsweise in der Beletage über dem Hochparterre. Im ersten Hinterhof residierten schon weniger vermögende Schichten wie Schullehrer, Facharbeiter oder Krämer. Im zweiten und dritten Hof hingegen, mit wenig Sonnenlicht, beengten Wohnungen und einer Gemeinschaftstoilette im Treppenhaus oder gar auf dem Hof wohnten die Arbeiter. Dort waren oft genug auch

Eine Gedenktafel erinnert daran, dass Mark Twain hier wohnte.

noch kleinere oder größere Gewerbebetriebe. So vereinte das Berliner Mietshaus Menschen verschiedenster sozialer Schichten auf engstem Raum. Das war ungewöhnlich für Amerikaner, die daran gewöhnt waren, dass Wohnlagen nach Klassen- und Rassenzugehörigkeit getrennt waren.

Zwanzig Jahre nach Twain besuchte sein Biograf Albert Bigelow Paine die Körnerstraße. Er empfand sie wesentlich gepflegter als Twain sie 1891 beschrieben hatte. »Sie ist immer noch nicht aristokratisch, aber ausgesprochen respektabel«, schrieb er. An Stelle des Hauses Nummer 7 stand nun allerdings ein gewaltiger, ziegelroter neogotischer Kasten, einer Ritterburg ähnlich. Die Deutsche Reichspost hatte diesen für ein Fernmeldeamt errichten lassen; drei Mietshäuser, unter ihnen das, in dem Twain gelebt hatte, hatten dafür weichen müssen. Bei seinem Besuch sprach Paine mit mehreren Postbeamten, die alle Mark Twain und seine Bücher kannten. Doch keiner von ihnen wusste, dass der Autor mit seiner Familie hier tatsächlich einmal gelebt hatte. Das Gebäude hat den Zweiten Weltkrieg unbeschadet überstanden, heute erinnert eine Tafel am Eingang an den berühmten Mieter.

~

Twain sollte bald herausfinden, was es bedeutete, in einer preußischen Stadt zu leben. Immer wieder kam es zwischen ihm, der Polizei und der allumfassenden Bürokratie zu Zusammenstößen. Berlin scheint die »am intensivsten verwaltete Stadt der Welt zu sein, aber man muss einräumen, dass es auch die am besten regierte Stadt zu sein scheint«, schrieb er in dem Essay, den er nach Chicago sandte. »Alles hat Methode und System – große Dinge, kleine Dinge, alle Details jeglicher Größenordnung. Dieses System regelt alles und setzt die Regeln auch durch; gegen Arme und Reiche gleichermaßen, ohne Bevorzugung oder Vorurteile.« Er erkannte schnell, dass das Verhältnis von Amerikanern zur Obrigkeit ganz anders ist als in Preußen oder in Europa allgemein. »Europa lebt seit einer Ewigkeit mit Heuchelei«, notierte er in seinem Tagebuch: »Die ist so in Fleisch & Blut übergegangen, dass die Leute hier zu Trägern vererbter Macht nicht offen und aufrichtig reden können. Jeden Tag heißt es in Europa millionenfach »Gott schütze den König« [...] Sogar Luther verurteilte die Rebellion gegen die überkommene Ordnung (egal, wie sie zustande kam). Die erste Heilsbotschaft in jeder Monarchie sollte die Rebellion gegen Kirche & Staat sein.«

Etwas, worüber Twain den Kopf schüttelte, war die Meldepflicht. Wie jeder Besucher musste er sich innerhalb von sechs Tagen nach der Ankunft bei der preußischen Polizei melden. Natürlich führten ihn die Behörden unter seinem richtigen Namen »Clemens, S. L.«. Das Berliner Adressbuch von 1892 weist ihn als »Privatier« aus, in »W. Körnerstraße 7, 1«. »W« hieß West und entspricht dem heutigen Bezirk Tiergarten und »1« stand für die erste Etage. Aber das war noch nicht alles. In der 1891er Ausgabe des *Baedeker. Berlin und seine Umgebung*, wird darauf hingewiesen, dass jeder Reisende, der eine private Unterkunft mietet, einen Fragebogen in dreifacher Ausfertigung auszufüllen hat, also auch Mark Twain. Außerdem forderte ihn die Polizei sechs Wochen lang immer wieder auf, für eines seiner Hausmädchen, das aus der Schweiz kam, einen Pass vorzulegen. Katie Leary, die Hausangestellte, die Twain aus Hartford mitgebracht hatte, war schon bald in die USA zurückgekehrt, und er hatte in Deutschland drei neue Mädchen angeheuert.

Twain hätte den Rat von James Dickie gut gebrauchen können, der mit der preußischen Etikette vertraut war, aber leider lernte Twain den Pastor erst nach dessen Rückkehr nach New York kennen. In seinem Buch *In the Kaiser's Capital* empfahl der Pastor, beim Ausfüllen besagten Fragebogens sorgfältig darauf zu achten, keinen Fehler zu machen. Besonders ältere Damen warnte Dickie davor, sich gegenüber den Behörden jünger zu machen. Allerdings kannte er auch einen Fall, bei dem sich eine Frau aus unerfindlichen Gründen fünf Jahre älter gemacht hatte. »Sie fuhr für ein paar Jahre heim in die USA, und als sie zurückkam, blieb ihr nichts anderes übrig, als das gleiche Alter wie beim ersten Mal anzugeben, anderenfalls hätte sie ein paar unangenehme Stunden mit der Polizei verbringen müssen.« Was die deutschen Behörden einmal registriert hatten, das vergaßen sie nicht wieder. So erwähnt Dickie einen Amerikaner, der, genervt von den vielen Fragen, unter »Religionszugehörigkeit« »Mohammedaner« angab. Als er bei seiner nächsten Reise nach Deutschland wahrheitsgemäß »evangelisch« schrieb, wurde er einem längeren Verhör ausgesetzt, das er nur beenden konnte, indem er behauptete, inzwischen konvertiert zu sein.

Twain nahm bereits in den ersten Wochen in der Körnerstraße seine literarische Arbeit auf. »Ich habe mich in den

Die alte American Church an der Motzstraße, nahe Nollendorfplatz, wurde kurz nachdem Twain Berlin verlassen hatte errichtet. Sie wurde im Krieg zerstört.

letzten drei Tagen & Nächten beinahe tot gearbeitet bei der Übersetzung (& der Erstellung einer sauberen Kopie dieser Übersetzung) des in Europa am meisten gefeierten Kinderbuches & ich werde es Ihnen heute schicken«, schrieb er am 27. Oktober 1891 an Frederick Hall. »Ich schätze, Sie sollten es wohl am 7. November in den Händen halten. Ich will es am 10. Dezember auf dem amerikanischen Markt haben, um noch die Feiertage mitzunehmen.« Bei dem Buch, von dem er so begeistert war, handelte es sich um den *Struwwelpeter* des Frankfurter Arztes Heinrich Hoffmann, dem Twain den Titel *Slovenly Peter* gab. Aber Twain schätzte weniger die moralische Botschaft des Buches, wie seine Tochter Clara Jahre später in einem Vorwort schrieb. Vielmehr war es der »unfromme Geist der Aufsässigkeit in den Versen, der Vater gefiel, als er in diesen ersten Wochen unter dem Berliner Blues litt. Er sympathisierte mit Kaspar, der seine Suppe

Auch die neue American Church ist wieder in Schöneberg, am Dennewitzplatz, nahe der Hochbahn. Die Gottesdienste finden hier in englischer Sprache statt.

nicht essen wollte, weil Vater die deutsche Suppe auch nicht mochte.«

Twain war von dem Buch außerordentlich angetan. Er wies Hall an, ein »sehr großes & klares Schriftbild« auszuwählen, und »strahlend lebendige Farben«. Aber bei all seinem Enthusiasmus hatte er versäumt, sich bei Hoffmann das Copyright zu sichern, und so wurde das Projekt nicht verwirklicht. Die amerikanische Version erschien erst 1935, lange nach Twains Tod, und auch nur, weil Clara dies mit Nachdruck verfolgte. Twain wollte auch Hans Christian Andersens trauriges Märchen »Das kleine Mädchen mit den Schwefelhölzern« übersetzen, daraus wurde ebenfalls nichts. Mitte November schlug er Frederick Hall vor, aus seinen europäischen Reisebriefen ein Buch zu machen. Doch die erste Titelidee, *Recent European Glimpses* (Neuerliche Europäische Streiflichter), überzeugte ihn nicht wirklich. »Ich freue mich auf Ihre zahlreichen Vorschläge«, schrieb er an Hall und zeichnete mit, »Ihr ermatteter SLC«.

Immerhin verfasste er seine ersten beiden Reisebriefe für das McClure-Syndikat. Der erste beschrieb die französische Stadt Aix-Les-Bains, der zweite galt Bayreuth und trug den Titel »Am Schrein des Heiligen Wagner«. Die *Chicago Daily Tribune* und die *New York Sun* brachten sie beide, jeweils am 8. November und am 6. Dezember 1891. Twain bat Hall, ihm drei Kopien zu schicken, eine davon habe er dem Kollegen Henry Labouchère versprochen. Ein dritter Essay über die Reise von Aix nach Bayreuth sollte bald folgen.

Bereits bei seiner Ankunft war Twain alles andere als unbekannt, und schnell wurde er der Stolz der Stadt. »Seine Popularität in Deutschland war offensichtlich«, schrieb Bigelow Paine. »Bei jeder Gesellschaft stand er im Mittelpunkt einer erlesenen Gästeschar, alle darauf erpicht, ihm Ehre zu erweisen.« Das war so erstaunlich nicht. Seine Bücher erschienen bereits seit siebzehn Jahren auf Deutsch, in mittlerweile fast dreißig Ausgaben. Er registrierte erfreut, dass sie in den Auslagen der Geschäfte präsentiert wurden. Twains deutscher Verleger, Robert Lutz aus Stuttgart, nutzte die Deutschlandreise seines Autors und brachte 1892 eine sechsbändige Ausgabe von Twains gesammelten Werken heraus. Es gab wohl keinen anderen englischsprachigen Autor, der damals in Deutschland so häufig gelesen wurde wie er. Der amerikanische Literaturprofessor Robert Rodney meint in seinem Buch *Mark Twain Overseas*: »Kein anderer amerikanischer Prominenter seiner Zeit reiste so oft und so ausgiebig nach Übersee, und, ausgenommen vielleicht Benjamin Franklin, hinterließ auch kein anderer seiner Landsleute einen derart starken und nachhaltigen Eindruck.«

Twain war in Berlin auch als Journalist bekannt, weil einige seiner Artikel für deutsche Blätter übersetzt worden waren. Als er kam, hatte der *Berliner Börsenkurier* gerade eines seiner Stücke veröffentlicht, *Mental Telegraphy* (Gedankenübertragung), das ursprünglich 1891 in *Harper's Monthly Magazine* erschienen war. Die Geschichte schlug hohe Wellen; Twain bekam an seine Berliner Adresse Zuschriften sowohl von amerikanischen als auch von deutschen Lesern. Verständlich, dass die Berliner Journalisten die einmalige Gelegenheit nutzen wollten, den Autor zu interviewen. Den Anfang machte Max Horwitz von der liberal-konservativen *National-Zeitung*. Horwitz war ein achtundvierzig Jahre alter deutsch-jüdischer Reporter, der einige Jahre in Chicago gelebt hatte; dort hatte er für die deutschsprachige *Illinois Staats-Zeitung* gearbeitet. Ob er Twain bereits von dort kannte, ist ungeklärt, aber nach Auskunft von Vic Fischer, ein wissenschaftlicher Mitarbeiter beim Mark-Twain-Nachlass in Berkeley, hatte Twain zahlreiche Freunde und Bekannte bei Chicagoer Zeitungen.

Am 15. November 1891 brachte die *National-Zeitung* Horwitz' Feuilleton in ihrer Sonntagsbeilage. Nach dieser Geschichte war der echte Twain ganz anders, als es seine Leser vielleicht erwartet hätten, vor allem die, die ihn nur aus seinen eigenen Beschreibungen eines fiktiven Zeitungsbüros in Kentucky kannten, ein echtes Wild-West-Klischee. Bei diesem Blatt – schrieb Horwitz – verkehrte der Redakteur mit seinen Abonnenten nur »bis an die Zähne bewaffnet, den Revolver in der rückseitigen Tasche seines Beinkleids, das Bowiemesser im Gürtel«. Horwitz scheint da etwas durcheinander gebracht zu haben: Twain hatte tatsächlich eine Geschichte über fiktive Zeitungen verfasst, die er *Earthquake*, *Higginsville Thunderbolt*, *Battle Cry of Freedom* und *The Daily Hurrah* nannte, die er allerdings in Tennessee angesiedelt hatte. Aber für das deutsche Publikum war wohl Kentucky und Tennessee praktisch das Gleiche. Ohnehin trug Twain weder einen Revolver noch ein Bowiemesser in seinem Gürtel, wie Horwitz feststellte, stattdessen trat er »in liebenswürdiger Weise dem Besucher entgegen: ein mittelgroßer schlanker Herr, mit etwas schwächlichem Körper, auf dem ein von dichtem, langem schon ergrautem Haar umrahmter Kopf sitzt, dessen Schnurrbart aber noch das ehemalige Dunkelblond vollständig erkennen lässt«. Bei der Begrüßung reichte Twain dem Reporter die linke Hand, weil ihn das Rheuma in seinem rechten, überarbeiteten Arm schmerzhaft peinigte (er hatte gerade wieder an Chatto & Windus geschrieben und einen weiteren Füllfederhalter bestellt, weil der erste dem angeschlagenen Schreiber dann doch zu hart vorkam). Gegenüber Horwitz beklagte sich Twain am vehementesten darüber, »dass ihm verwehrt wird, sich Eintragungen in sein Notizbuch zu machen«.

Horwitz fragte, ob Twain ein Buch über Berlin plane, etwas, das er mit »doppeltem Interesse« erwarten würde. Twain versicherte ihm, dass er die Stadt »ganz besonders erfreulich« finde. »Welch herrliche Architektur auch in den bescheidenen Straßen, die Abwechslung mit den Ausbauten und den Balkonen eins an das andere gereiht, eins immer schöner als das andere; aber weit eindrucksvoller und wohltuender noch ist ihr helles Gesicht, die lichten Farben, der freundliche, einladende Ton der Façaden.« Das mache es schwierig, ein satirisches Buch zu schreiben, erklärte Twain, weil er kein herbes Urteil fällen wolle. »Das ist doch gerade – und ich spreche es frei aus – was uns Amerikaner oft so verdrießt, wenn ihr Europäer zu uns hinüberkommt, unsere Gastfreundschaft genießt, den Schutz unserer Gesetze, und wenn dann in den Reisebeschreibungen mit unverkennbarem Hochmuth über das, was leicht in die Augen springt und was fremdartig berührt, abgeurteilt wird, ohne daß man sich die Mühe giebt, den Dingen auf den Grund zu gehen.« Nachdem sich die beiden eine gute Stunde unterhalten hatten, drang plötzlich Gebell von draußen herein. Twain, der Hunde hasste, war irritiert. Er unterbrach das Interview und erzählte dem Reporter, dass es in der Körnerstraße offenbar einen organisierten Hunde-Gesangs-Verein gebe.

Twain war auch von Horwitz angetan. Ein paar Tage nach dem Interview schrieb er in sein Tagebuch, dass er wünsche, dass Horwitz »die Seile mir lehren« sollte – wohl eine sehr wörtliche Übersetzung von »show me the ropes«. Damit meinte er vermutlich, dass Horwitz ihm Deutsch beibringen oder auch einfach nur Berlin erklären solle. Später wurden Twain und Olivia von Horwitz und seiner Frau zum Essen eingeladen.

Neun Tage, nachdem Horwitz' Geschichte erschienen war, veröffentlichte die liberale *Breslauer Morgen-Zeitung* ein Stück über den »herausragenden satirischen amerikanischen Autor unserer Zeit«. Der (namenlose) Reporter beschreibt Twain als einen »Yankee vom Wirbel bis zur Sohle und demgemäß von einem unerschütterlichen Phlegma. Wenn das Haus in Flammen stünde, würde er nicht von seinem Schreibtisch aufstehen und gewiss dann erst die Feder im Tintenwischer abtrocknen und ärgerlich zur Seite legen, wenn die Spritzenmänner das Zimmer mit Wasser überfluteten.« Allerdings: »Mark Twain vermag gegenwärtig die Feder gar nicht zu führen, er leidet an Rheumatismus im rechten Arm.«

Der Reporter war gleichwohl ein bisschen enttäuscht, weil Twain nicht vor Anekdoten und Scherzen sprudelte. Stattdessen zeigte sich der Amerikaner als bedächtiger, langsamer Erzähler, der sich »jedes Wort noch einmal überlegt«, bevor er es ausspricht, »Interviewern gegenüber erweist sich der gefeierte Schriftsteller als eine schwer zu knackende Nuss«. Twain war seinerseits überrascht über den Versuch, ihn zu interviewen. »Weshalb? Um etwas darüber in den Zeitungen zu veröffentlichen? Aber das kann ich selbst ja weit besser allein besorgen.« Letztlich erzählte er dann doch, sein deut-

Pferdestraßenbahnen am Potsdamer Platz, um das Jahr 1890.

scher Lieblingsdichter sei Heinrich Heine und er finde Berlin »erstaunlich sauber«. Der Reporter verabschiedete sich in der Hoffnung auf ein »lüstliches Kapitel« über Twains »Abenteuer in einem berliner Droschkenkarren, bespannt mit einem angeblichen Pferd«.

Twain fuhr nämlich gerne – wie er auch dem Reporter erzählt hatte – mit der Droschke oder per Straßenbahn durch die Stadt, und beide wurden damals noch von Pferden gezogen. Pferdebusse und Pferdebahnen gab es in Berlin bereits seit 1865, die erste Linie verkehrte zwischen Brandenburger Tor und Charlottenburg. Zu Twains Zeit hatte die Stadt bereits zahlreiche Strecken, auch auf der Potsdamer Straße. Die erste elektrische Straßenbahn der Welt wurde übrigens ganz in der Nähe eingerichtet, im neuen Vorort Lichterfelde, wo sie zehn Jahre lang in Betrieb blieb (bis die Streckenführung geändert wurde). Eine Fahrt mit der Pferdebahn beschrieb Twain ausführlich in seinem Essay *The Chicago of Europe.*

Die letzte Pferdebahn im Wedding. Ab 1901 wurde auf Elektro umgestellt.

Ein Berliner erzählte Twain – so behauptete dieser zumindest –, die Leute seien bei Einführung der Bahn dreißig Jahre zuvor derart verängstigt gewesen, dass sich niemand in ihr sicher gefühlt habe. Deshalb habe auch keiner sie benutzt, »außer Verurteilten auf dem Weg zum Galgen. Damit verdiente man nur in einer Fahrtrichtung Geld, und die Bahn musste leer zurückfahren. Um das Unternehmen vor dem Konkurs zu retten, verlegte die Stadtverwaltung den Friedhof der Verurteilten an die entgegengesetzte Endstation der Bahnlinie. So gab es Verkehr in beiden Richtungen.« Twain fügte hinzu: »Allerdings, das klingt wie das Zeug, das man ausländischen Reisenden in Amerika erzählt; meines Erachtens wirkt das ein wenig unglaubwürdig.«

Die Straßenbahn war eine Form des Transports, die er nie so richtig begriff. »Immer, wenn man zu wissen glaubt, wohin eine Bahn fährt, sollte man besser aussteigen, denn die Bahn fährt dort bestimmt nicht hin.« Zur Konfusion trug noch die

Nummerierung der Häuser bei. »Zunächst denkt man, dies sei das Werk eines Idioten, aber dafür ist die Sache zu abwechslungsreich. Ein Idiot könnte sich nicht so viele Methoden ausdenken, Konfusion zu schaffen und Blasphemie zu verbreiten.« Twain fuhr fort: »Manchmal wird die gleiche Nummer für drei oder vier Häuser verwendet, manchmal schraubt man sie nur an eines der Häuser, und was die anderen betrifft, darf man raten. Manchmal gibt man einem Haus zum Beispiel die Nummer 4, dann geht es weiter mit 4a, 4b, 4c und man wird alt und gebrechlich, bis man endlich Haus 5 gefunden hat. [...] Das Schlimmste an dieser komplizierten Angelegenheit ist allerdings, dass in Berlin nicht alle Hausnummern in eine bestimmte Richtung verlaufen. Nein, sie reichen vielleicht bis 50 oder 60, und dann ist man plötzlich bei Nummer 140. Dann kommt 139 und man merkt plötzlich, dass die Hausnummern nun in die entgegengesetzte Richtung verlaufen.« Diese Berliner Eigenheit kann Besucher (und Einheimische) heute noch in den Wahnsinn treiben. Twain war überdies verwirrt, weil er jede Meile ein weiteres Ticket kaufen und vorzeigen musste. Oft verlor er diese Tickets, musste zweimal bezahlen und wurde vom Schaffner auch noch beschimpft. Bis heute sind Berliner Busfahrer nicht für ihre überschäumende Herzlichkeit berühmt.

Auch für die Töchter des Schriftstellers war Berlin ein Abenteuer. Die beiden älteren, Susy und Clara, träumten von einer Musikkarriere. Unter höheren Töchtern in Amerika galt es als ausgemacht, dass man in Berlin die beste musikalische Ausbildung erhalte – Twain selbst hatte in seinem Gespräch mit der *National-Zeitung* darauf hingewiesen. Berlin war insbesondere erste Wahl bei Konservatorien für die Ausbildung an einem Instrument. Rasch fand Twain eine geeignete Schule

Der Nollendorfplatz um 1900, mit dem Hochbahnhof (links) und der amerikanischen Kirche (rechts). In der Mitte das Metropol-Theater.

für seine Töchter. Die *American School for Young Girls*, 1886 von Mary Bannister Willard gegründet, lag in der nahen Schöneberger Nettelbeckstraße (heute An der Urania), nahe dem Nollendorfplatz und damit im Zentrum dessen, was bereits um 1890 das amerikanische Viertel genannt wurde. Auch Dickie verwendet den Begriff in seinem Buch. Christopher Isherwood sollte dieselbe Gegend später in seinen *Berlin Stories* beschreiben, aus denen das Musical *Cabaret* entstand.

Die fünfzigjährige Mary Bannister Willard, die aus Fairfield im Staat New York stammte, war eine für ihre Zeit und ihr Alter außergewöhnlich emanzipierte Frau. Nach dem Tod ihres Ehemannes gab sie das Magazin der WCTU, der *Woman's Christian Temperance Union*, heraus. Die aus der Abstinenzbewegung hervorgegangene WCTU war die größte Frauenorganisation der USA und trat für Frauenrechte und soziale Reformen ein. Dazu zählte auch das Alkoholverbot, denn gerade Schnaps war für die Verelendung von Arbeitern und mittellosen Immigranten mitverantwortlich. Die WCTU stand der evangelikalen Kirche nahe, die weltweit missionierte. Mary Willard ging nach Europa, vermutlich im Auftrag der WCTU, und ihre vier Kinder begleiteten sie. Schnell erkannte sie eine Marktlücke im Berliner Bildungsangebot: Es gab keine Schule für die vielen englischsprachigen Mädchen, die in der Stadt lebten. Für sie bot Mary Willard genau jene Bildung an, die damals bei jungen Frauen als angemessen galt: Kunst, Musik, Englisch und Französisch. Ihre Schule war einzigartig in Europa, bis 1891, als eine Zweigstelle in Paris eröffnet wurde. Es ist nicht bekannt, ob Susy die Schule besuchte, Clara jedenfalls nahm dort Musikunterricht. Die Schule warb damit, dass sie die besten Lehrer beschäftigte. Tatsächlich wurde Clara von Moritz Moszkowski unterrichtet, einem renommierten Konzertpianisten und Komponisten mit einem großen, sehr beeindruckenden Schnauzbart, der später Mitglied in der Berliner Akademie der Künste wurde.

Clara war eine sehr selbstbewusste junge Frau, wie der Pianist ein paar Monate später herausfinden sollte. Familie Clemens hatte die Stadt bereits verlassen, aber Clara war zurückgeblieben, um ihre Ausbildung in Mary Willards Pensionat fortzusetzen. Der neununddreißigjährige Moszkowski hörte nicht auf, die bedeutend jüngere Twain-Tochter zu bedrängen. Clara warnte ihn, dass sie den Unterricht abbrechen werde. Moszkowski machte weiter, und Clara verließ tatsächlich seine Klasse.

Twain wusste, wie bockig seine Tochter sein konnte – und wie anziehend sie auf junge Männer wirkte. Während Livy im August 1891 in Berlin nach einem geeigneten Apartment suchte, waren Twain und seine Töchter im böhmischen Marienbad geblieben. Die siebzehnjährige Clara erregte dort mit einem tiefdekolletierten Kleid einige Aufmerksamkeit. Eine Gruppe junger Offiziere umschwärmte sie, einer zeigte besonders

Moritz Moszkowski, Claras Musiklehrer, und Mary Bannister Willard, die eine Schule für englischsprachige Mädchen am Nollendorfplatz betrieb.

hartnäckiges Interesse, bis Twain ihn scharf zurechtwies und seine Tochter auf ihr Zimmer verbannte. Und als Clara in Berlin einen Ball bei den von Versens besuchte, sollen sich gleich vierzig Offiziere um sie geschart haben. In einem Brief machte ihr der Vater recht harsch klar, dass eine junge Amerikanerin sich nicht allein in solch eine Gesellschaft begeben sollte. Aber sie hörte nicht auf ihn. Ihre neunzehn Jahre alte Schwester Susy war schüchterner; sie vertraute darauf, dass die Freunde der Familie von der amerikanischen Botschaft sie in Berlin gesellschaftlich begleiten würden, vor allem Theodore Bingham, der Attaché. »Er ließ mich nie irgendwo allein sitzen«, zitiert sie Twains Biograf Paine, »die Situation mochte noch so unangenehm sein, er war immer herzlich zu meiner Rettung zur Stelle. Ihm gilt mein grenzenloser Dank.«

Susy und Clara hatten eine großartige Zeit auf all den Festen und Abendgesellschaften, und sie liebten es auch, im

Rampenlicht ihres berühmten Vaters zu stehen. »Susy und ich waren stolz, seine Töchter zu sein«, schrieb Clara in ihren Memoiren. »Es befriedigte unsere Eitelkeit und wir genossen es, mitanzusehen, wie die Leute nach uns schauten, wenn wir den Speisesaal betraten. Anfangs taten wir so, als ob uns diese offenkundige Aufmerksamkeit egal sei, aber schließlich gestanden meine Schwester und ich uns ein, dass wir es merkwürdig fänden, einer Familie anzugehören, in der niemand bedeutend oder berühmt wäre.«

Clara erinnerte sich aber auch daran, wie sie sich ständig unter Druck fühlten, ebenso brillant sein zu müssen wie ihr Vater. »Ohne jegliche erkennbare Anstrengung von seiner Seite« sei ihr Vater »in Berlin auf wunderbare Weise populär« gewesen, erzählte Clara im Juni 1908 der *New York Times*, als die Familie schon längst wieder in New York lebte. »Wenn ich nicht mit meinen musikalischen Studien befasst war, ging ich gelegentlich zu Empfängen, wo ich dann in einer Ecke saß und von allen Anwesenden komplett ignoriert wurde, bis irgendeine alberne Person einer anderen zuflüsterte: ›Ich glaube, das ist Mark Twains Tochter da drüben‹. Dann standen die Gäste auf wie ein Mann und umringten mich und erwarteten von mir, beredt und witzig zu sein, nach einem Tag harter Arbeit.« Aber das geschah nur bei den Gelegenheiten, wo »mein erlauchter Elternteil nicht anwesend war. Bei Gesellschaften, die von seiner Anwesenheit geehrt wurden, war meine Existenz vergleichbar mit der eines Fußschemels – immer ein nutzloses Objekt in einem überfüllten Raum. Unser Vater, frisch aus dem Bett, würde den Ort vollständig mit seiner Konversation dominieren.«

Trotz dieses Hin und Hers verbrachte die Familie viel Zeit miteinander. Einmal besuchten sie den Zirkus Salomonski. Wie Henry Fisher berichtet, hatten sie zunächst ihren Spaß. Aber plötzlich wurden sie Zeuge eines furchtbaren Unfalls, der einem sechzehn oder siebzehn Jahre alten Mädchen während eines Reiterkunststücks zustieß. »Während sie einen Salto Mortale vorführte, kam ein Clown in die Arena gerannt und tauchte unter dem Pferd durch. Das Pferd erschreckte sich und warf seine Reiterin ab.« Twains Töchter lachten, aber der Autor sagte: »Kinder, seid still, seht ihr nicht, dass das arme Mädchen verletzt ist?« Als die Familie gerade im Gehen war, »kam eine ältere Frau, die wie eine Zigeunerin aussah, aus den Kulissen hervorgerannt, wilde Blicke um sich werfend. Als sie den Clown ausmachte, stürmte sie auf ihn zu und versetzte ihm einen fürchterlichen Hieb ins Gesicht. ›Du hast mein Mädchen ruiniert, sie wird nie wieder reiten können‹, schrie sie. ›Geschieht ihm recht‹«, sagte Twain. »Ich hoffe der Manager kriegt auch noch eins auf die Nase. Schließlich ist er der Kerl, der verantwortlich ist. Der Clown muss sich zum Affen machen, das Mädchen seine Knochen riskieren, bloß damit der Manager sein Geld verdient.«

Nach dem Schreiben seines Tagebuches traf Twain gelegentlich Freunde zum Kartenspielen im Café des Hotel de Rome, das damals Unter den Linden lag. Er und Olivia gingen auch gerne ins Theater oder ins Konzert. Einmal besuchten die beiden eine Vorstellung von Mozarts Oper *Don Giovanni*, ein andermal Goethes Drama *Götz von Berlichingen*. Dabei begnügte sich Twain nicht damit, das Stück zu sehen, er kaufte sich zuvor auch das Textbuch und studierte die Verse gründlich.

Nach einem dieser Abende sah sich Twain wieder einmal aus seinem Haus ausgesperrt. Es war damals in Berlin üblich, dass Mietshäuser pünktlich um zweiundzwanzig Uhr verriegelt wurden, Mieter taten also gut daran, die Hausschlüssel nicht zu vergessen. Twain war das entweder nicht geläufig oder er vergaß dies des Öfteren. In solch einem Fall blieb ihm keine andere Wahl, als den Hausmeister aus dem Bett zu klingeln. Der Berliner Hausmeister, der heute so gut wie ausgestorben ist, war zu Twains Zeiten eine Mischung aus

Haushandwerker und Portier. Er passte auf die Tür auf, achtete auf Sauberkeit in Treppenhaus und Hof und führte kleinere Reparaturen aus. Üblicherweise wohnte der Hausmeister im Parterre oder im Souterrain. Auch ihm eilte, wie dem Straßenbahnschaffner, der Ruf voraus, kein Leuchtturm der Nettigkeit zu sein, wie übrigens Berliner ganz allgemein gern als »Herz mit Schnauze« charakterisiert werden; vor allem Schnauze. Pastor Dickie jedenfalls riet in seinem zeitgenössischen Berlin-Buch seinen Landsleuten, sich unbedingt gut mit dem Hausmeister zu stellen, weil man seine Dienste ganz bestimmt über kurz oder lang in Anspruch nehmen müsse. Am besten sei es, so Dickie, man lasse ihm jeden Monat einen Dollar zukommen.

Als Twain also wieder einmal mitten in der Nacht ohne Schlüssel vor seinem verriegelten Haus stand, schwante ihm, mit wem er es gleich zu tun bekommen würde: Mit einem übellaunigen Hausmeister, der ihn erst lange würde warten lassen, um ihn dann ausgiebig zu beschimpfen. Zu seiner großen Überraschung kam es allerdings vollkommen anders. Der Mann empfing ihn freudig erregt mit den Worten: »Sie sind Mark Twain, ich habe es heute erst erfahren.« Offensichtlich kannte der Portier seinen Mieter nur unter dessen wirklichem Namen, Samuel Clemens. Begeistert fuhr der Mann fort, dass er wirklich alle Bücher Twains gelesen habe und dass Huckleberry Finn seine Lieblingsfigur sei. Nachdem der Portier begriffen hatte, wer da unter demselben Dach wohnte, hätte Twain wahrscheinlich kommen können, wann immer es ihm gefiel, ohne sich mit den Schlüsseln zu beschweren. Allerdings soll er sie von diesem Tag an stets bei sich getragen haben.

Dass sich dieser Zwischenfall wirklich zugetragen hat, ist unstrittig, es ist nur nicht klar, wann und wo das geschehen ist. Dickie glaubt, es müsse in der Körnerstraße gewesen sein, schreibt aber, dass Twain gerade von einem Abendessen mit dem Kaiser kam. Dieses Essen fand jedoch erst im Februar statt, als die Familie Clemens bereits im Hotel Royal abgestiegen war, das sie am Neujahrsmorgen 1892 bezogen hatte. Bigelow Paine geht nicht nur davon aus, dass sich die Episode im Februar ereignete, er verlegt auch den Schauplatz ins Royal. Twain selbst berichtete Bigelow Paine 1907 von dieser Begebenheit, aber ohne einen genauen Zeitpunkt zu nennen, allerdings meinte er sich zu erinnern, es müsse nach dem Abendessen mit dem Kaiser gewesen sein.

Danach war der Portier ein »flachsblonder junger Deutscher, zwei- oder dreiundzwanzig Jahre alt, und es ist für mich offensichtlich gewesen, dass es ihm keine Freude bereitete, von mir zu nachtschlafender Zeit herausgehämmert zu werden, um mich einzulassen. Er hatte nie ein nettes Wort oder einen freundlichen Blick. Ich konnte das nicht verstehen, es war doch sein Job, ein Auge auf die Tür zu haben und die Eigentümer der vielen Wohnungen zu jeder Stunde, auch des Nachts, einzulassen.« Freilich gab es da einen »Brauch, der so gut eingeführt und selbstverständlich war, dass er Kraft und Rang eines Gesetzes hatte.« Nach diesem Brauch »musste jeder, der nach zehn Uhr abends ein Berliner Haus betrat, dem Portier eine geringe Gebühr entrichten, um eingelassen zu werden. Diese Steuer betrug entweder zweieinhalb oder fünf Cents, ich erinnere mich nicht mehr genau, was es war, jedenfalls habe ich sie nie bezahlt und wusste nicht einmal davon.«

In ebenjener Nacht kam Twain also an, sorgenvoll und ängstlich, er erwartete ein »indigniertes Gesicht, ein ablehnendes Gesicht, das Gesicht des Portiers«, und er war bereit, die üblichen ein bis zwei Minuten zu warten, bis er eingelassen wurde. Stattdessen wurde die Tür sofort »aufgeschlossen, entkettet, aufgetan und weit aufgerissen«, und er wurde von dem rundlichen Gesicht des Portiers begrüßt, »voller Sonnenschein und Lächeln, dem ein Wortfall von deutschem Willkommen und Bewunderung entströmte, und der mich gleichzeitig in sein kleines Schlafzimmer zerrte, gleich bei der Eingangstür. Hier veranlasste er mich, mich über eine Reihe von deutschen Übersetzungen meiner Bücher zu beugen, und sagte: ›Hier! Sie haben das geschrieben! Jetzt erst habe ich das herausgefunden! Mein Gott! Ich wusste das nicht, ich bitte Sie eine Million Mal um Verzeihung!‹«

Der Portier erzählte ihm dann, dass sein Lieblingsbuch *Old Times on the Mississippi* sei, dasselbe Buch, das auch der Kaiser am liebsten mochte. Twain sah das als einen »Zufall, der alle anderen Zufälle in seiner Anschaulichkeit in den Schatten stellte«. Allerdings war diese Abrundung der Geschichte wohl auch der Grund, weshalb Twain später selbst glaubte, der Vorfall habe sich nach dem Dinner mit dem Kaiser zugetragen. Tatsächlich klingt es vielmehr nach einer Geschichte, die in einem Mietshaus passiert, nicht in einem Hotel der gehobenen Klasse. Und sicherlich hätte Twain nicht Wochen gebraucht, um herauszufinden, dass man einem Hotelportier Trinkgeld gibt. In jedem Fall ist das eines dieser Geschehnisse, die nach so langer Zeit schwer zu rekonstruieren sind.

~

Twain wurde in Berlin einige Male eingeladen, zu lesen, und sein Lieblingsthema war die deutsche Sprache. Er hatte bereits nach seiner ersten Deutschlandreise einen Essay mit dem Titel »Die schreckliche deutsche Sprache« veröffentlicht (enthalten in *Bummel durch Europa*, das 1892 auf Deutsch erschien). Und er hörte nicht auf, linguistische Unfälle zu sammeln, manche unverständlich wie *Nachfragestellenanknote* oder *Stückholzer*, aber auch tatsächlich existierende Begriffe wie *Weltanschauung* oder *Gesegnete Mahlzeit*. Und er war sich in seinem Urteil über die deutsche Sprache absolut sicher: »Kein Ausländer kann sie lesen, allenfalls der Schöpfer, aber sonst bestimmt keiner.« Weiter notierte er in

Auf diesem Flurstück an der Mohrenstraße 49 stand das English House. Der Laden hat heute eher amerikanisches Flair. Der gesamte Block ist neu bebaut.

seinem Tagebuch: »Diese Leute sind so begeistert von den Einschüben in ihren Sätzen, dass sich das in den Körpern ihrer Kinder widerspiegelt – wie bei diesen krummbeinigen Kindern da drüben.« Ein anderer seiner Scherze lautete: »Für nichts in der Welt würde ich so einsam sein wollen wie ein D(eutsches) Verb.« Damit nahm er die Eigenart aufs Korn, das Verb im Deutschen ganz am Ende eines Satzes, weit weg vom Substantiv unterzubringen. Einmal fuhr er zusammen mit Henry Fisher in der Straßenbahn und eine Frau mit außerordentlich großen Brüsten saß auf dem Sitz gegenüber. Twain bestaunte deren Größe und fragte neugierig, ob »Busen« im Deutschen männlich, weiblich oder sächlich sei. Als Fisher ihm erklärte, der Busen sei männlich, musste Twain derart lachen, dass ihm die Tränen kamen.

Am Thanksgiving Day – der 26. November 1891 – wurde er vom Amerikanischen Ärzteverein in Berlin gebeten, eine Lesung vor zweihundert Gästen zu halten, die meisten naturgemäß Ärzte. Die *Chicago Daily Tribune* berichtete darüber am nächsten Tag. Er sprach im Englischen Haus in der Mohrenstraße 49, einem der ältesten Künstlercafés Berlins, das seit dem 18. Jahrhundert Treffpunkt von Künstlerzirkeln war, darunter der Chor der *Liedertafel* oder auch der *Tunnel über der Spree*, eine literarische Gesellschaft, der auch Theodor Fontane angehörte (ein eher spöttisches Mitglied nannte die Gesellschaft einmal eine »Kleindichterbewahranstalt«).

Twain bereitete sich in seinen Notizen ausführlich auf den Thanksgiving-Auftritt vor, weshalb man heute eine Vorstellung davon hat, was er sagte. »Schön, so viele Gesichter zu sehen – sie rufen die Erinnerung wach an unsere Heimat jenseits des Ozeans –, wenn man ein Fremder ist in einem fremden Land & das Gesicht eines Landsmannes erscheint vor dir, das ruft die Landschaft & das Land herbei«, begann er. »Nicht, dass D[eutschland] kein Zuhause für uns wäre – Sie behandeln uns gut. Und wir kamen ursprünglich aus D[eutschland] – & ohne die d[eutschen] Wörter in unserer Sprache wären wir dumm.« Er fuhr fort, dass er froh sei, all diese Ärzte zu sehen, »den höchsten aller Berufe – das Stillen des menschlichen Schmerzes, das Retten des menschlichen Lebens«. Natürlich wurden auch die Doktoren Zielscheibe seines milden Spotts. »Ein halbgebildeter Arzt ist nichts wert. Er glaubt, er könne alles kurieren – Krebs, Stottern, Idiotie – da gibt es nichts, was er nicht probieren würde – & genau darum ist er so gefährlich. Wenn er mehr wüsste, würde er sich weniger gestatten & der Bestatter hätte nichts zu tun.« Aber am meisten sprach er über Berlin. »Ohne Zweifel ist Berlin der Platz, an dem Sie Ihre medizinische Bildung vollenden kön-

Der Gendarmenmarkt mit dem Deutschen und dem Französischen Dom und dem Königlichen Schauspielhaus um 1900. Er wurde nach dem Krieg restauriert.

nen. Ganz sicher ist es ein leuchtendes Zentrum des menschlichen Geistes – ein Ort, an dem der Suchende die jüngsten Errungenschaften sämtlicher Wissenschaften findet. Berlin ist eine wunderbare Stadt für solche Chancen. Sie lehren hier alles. Ich glaube, es gibt auf der ganzen Welt nichts, was man nicht in Berlin lernen könnte, außer der deutschen Sprache.«

Nun bei seinem Thema, fuhr er fort: »Es ist eine hoffnungslose Sprache. Sie glauben, es ist eine Sprache der Konzentration. Sie hängen einen ganzen Viehtransport voll Wörter aneinander & legen einen Gang hindurch, weil es da nämlich von einem Ende zum anderen keine Pause gibt. Sie denken, das ist Konzentration & so nennen sie es auch. Ein Offizier hat mir neulich dieses Wort gezeigt – er hat es aus einem Handbuch für die Seefahrt: ›Marine-Intendant-Untersekretariats-Applikant‹. Große Güte! In diesem Wort sind 41 Buchstaben! Das konzentriert das Alphabet lediglich mit einer Schaufel!«

Er fuhr fort: »Ich habe vor 13 Jahren ein Kapitel über diese Sprache geschrieben [gemeint ist der Essay über die schreckliche deutsche Sprache] und habe mein Bestes getan, sie zu verbessern & sie zu vereinfachen, & das ist das Ergebnis! Es verletzt mich, zu sehen, dass dieses Kapitel in keinem einzigen Schulbuch ist & dass sie es nicht an den Universitäten benutzen. Wenn ich eine kaiserliche Verfügung erlassen könnte, das würde der Reform nachhelfen.« Und dann fasste Twain, in klassischer amerikanischer Manier, zusammen: »Letztlich sollten sie unsere Sprache übernehmen. Sie ist so einfach & leicht & überhaupt.«

Twain bekam viel Applaus, aber am nächsten Tag ärgerte er sich in einem Brief an Frederick Hall: »[A]ls sie mein Bild an die Leinwand projizierten, war das eine traurige Erinnerung, denn sie benutzten ein 15 Jahre altes Negativ & darauf hatte ich kein einziges graues Haar.« (Er hatte gerade Franklin G. Whitmore um ein aktuelles Porträt und um neue Autogrammkarten gebeten.) Nach der Lesung schloss er sich seinen Freunden aus der Botschaft an, Walter Phelps und dessen Tochter Marian, sowie Fritz von Rottenburg, Theodore Bingham und Chapman Coleman, Sekretär der Botschaft. Sie feierten gemeinsam ein Thanksgiving-Dinner im Hotel Kaiserhof am Wilhelmplatz.

~

Ende November erhielt Twain endlich gute Nachrichten aus New York. In einem Brief an Hall dankte er seinem Verleger für die letzte Tantiemen-Abrechnung, die »wirklich erhellend & zufriedenstellend« ausgefallen war und ihm das Gefühl gab, einen »großen Schritt aus der Depression« gemacht zu haben, weil »jetzt die Geschäfte nun so schön & stattlich« aussehen würden. Und auch sein Arm fühle sich schon viel besser an. Er habe sich »ein paar Tage genommen & ein paar McClure-

Das frühere Bankhaus der Mendelssohns in der Jägerstraße von innen, neben dem früheren Wohnhaus. Heute befindet sich dort ein kleines Museum.

Briefe beendet, die schon lange rumgelegen haben«. Diese Reisebriefe handelten von seinen Besuchen in Marienbad und der Schweiz. Der letztere beschrieb auch die Jungfrau, einen Berg in den Schweizer Alpen. »Ich werde den 6. & letzten Brief nach & nach schreiben, sobald ich Berlin ausreichend studiert habe.« Er unterzeichnete in »äußerst heiterer Verfassung«. Und er nahm sich noch die Zeit, die Fragen eines Bekannten zu dem Buch *Nights with Uncle Remus* zu beantworten, eine Sammlung volkstümlicher afro-amerikanischer Geschichten von Joel Chandler Harris, einem Autor aus Atlanta, Georgia.

Familie Clemens war oft in den Berliner Salons zu Gast, in denen sich Künstler und Intellektuelle trafen. Am 1. Dezember 1891 schrieb Olivia an George H. Warner, einen früheren Nachbarn in Hartford – sie übernahm gelegentlich die Korrespondenz ihres Mannes wegen dessen Rheumaleidens –, und schwärmte: »Berlin ist eine sehr interessante Stadt und

Die Gräber der Mendelssohn-Familie auf dem Dreifaltigkeitskirchhof in Kreuzberg. Links ist Felix-Mendelssohn-Bartholdy begraben, rechts seine Schwester Fanny Hensel.

die Leute hier sind so *charmant.*« Sie war gerade von einer Lesung über deutsche Literatur zurückgekehrt, gehalten von einer »deutschen Professorin [...] meiner Meinung nach eine der gebildetsten Frauen, die ich je getroffen habe«. Olivia nahm bei ihr Deutschunterricht. Außerdem besuchte sie ein Ehepaar Du Bois-Reymond, »so reizend, voller Interesse für alles« und »Nachfahren von Mendelsohn« (sic!). Olivia Clemens meinte Moses Mendelssohn, den jüdischen Philosophen und Aufklärer des 18. Jahrhunderts. »Sein Vater ist einer der wichtigsten und besten Wissenschaftler hier, ihr Vater ist [Sebastian] Hensel«, schrieb sie weiter. Olivia beendete ihren Brief mit den Worten: »Susy findet Berlin zu grau, aber ich glaube, sie mag es schon viel mehr als am Anfang.«

Das Ehepaar, von dem sie schrieb, waren Lili Hensel und ihr Mann Alard Du Bois-Reymond (nicht Raymond), ein Professor für Latein und Griechisch. Alard war der Sohn von

Das Grab der Du Bois-Familie auf dem Französischen Friedhof an der Chausseestraße in Berlin-Mitte. Hier sind viele Hugenotten beerdigt.

Emil Du Bois-Reymond, einem Universitätsprofessor mit hugenottischen Vorfahren. Er gilt als der Vater der experimentellen Elektrophysiologie, auf seiner Forschung basiert das Elektrokardiogramm. Und Lilis Vater war tatsächlich Sebastian Hensel, der Chronist der weitgestreuten Mendelssohn-Familie. Vor allem aber war Hensel einer der wichtigen Bauherren der Gründerzeit. Er war Gründungsdirektor beim Hotel Kaiserhof, als dies 1875 erbaut wurde. In den achtziger Jahren des 19. Jahrhunderts wurde er von der Stadt beauftragt, fünfzehn Markhallen nach dem Vorbild von *Les Halles* in Paris zu errichten.

Sebastian war der Sohn von Fanny Hensel, der Schwester des berühmten Komponisten Felix Mendelssohn-Bartholdy. Fanny hatte genauso viel Talent wie ihr Bruder Felix, aber damals war es für Frauen nicht schicklich, Karriere zu machen, insbesondere, wenn sie einer so vornehmen Familie wie den

Mendelssohns entstammten, Bankiers und die drittreichste jüdische Familie in Deutschland. Sie trat nur ein einziges Mal als Pianistin auf. Um 1890 lagen der Firmen- und der Familiensitz, das Palais Mendelssohn, in der Jägerstraße 51 bis 53 nahe dem Gendarmenmarkt (heute ist dort ein kleines Museum der Familie gewidmet). Hermann von Helmholtz und seine Frau Anna waren oft zu Gast, auch Theodor Mommsen. Sehr wahrscheinlich hat auch das Ehepaar Clemens gelegentlich einen Salon in der Jägerstraße 53 besucht.

Einer von Sebastian Hensels Cousins in der Jägerstraße war Ernst von Mendelssohn-Bartholdy. Er war ein Alliierter von Bismarck und unterstützte den Eisernen Kanzler auch finanziell. Ernst von Mendelssohn-Bartholdy besuchte sogar einmal die Vereinigten Staaten, das war kurz nach dem Bürgerkrieg. 1869 schrieb er ein Buch über diese Reise. Darin bemerkte er, dass das Zusammenleben zwischen Schwarz und Weiß in Amerika schwierig sei und möglicherweise auf Dauer nicht funktionieren werde.

Die Clemensens besuchten auch ein anderes Paar, Heinrich und Elisabeth Nelson, einen Rechtsanwalt und eine Malerin, die ihren Salon in der Klopstockstraße in Charlottenburg unterhielten, damals ein wohlhabender Vorort von Berlin (Twain notierte ihre Adresse in seinem Tagebuch). Auch sie waren weitläufig mit Moses Mendelssohn verwandt. Ihr Sohn Leonard sollte später den Internationalen Sozialistischen Kampfbund gründen, der gegen die Nazis kämpfte.

Um diese Zeit lernte Twain einen Mann kennen, der einer seiner engsten Freunde in Berlin, Wien, und später auch in New York werden sollte: Rudolf Lindau, ein zweiundsechzigjähriger Diplomat und Romanautor. Twain nannte ihn bald »Rudolf den Unvergleichlichen« und »einen der Hauptheiligen im Familienkalender«.

Lindau führte ein unstetes, von Schreiben und Reisen bestimmtes Leben, wie ja auch Twain: Er wurde 1829 in Garde-

Rudolf Lindau, Bismarcks Presse-attaché in Paris, hatte die Welt bereist und zahllose Romane geschrieben. Er wurde einer von Mark Twains engsten Freunden in Berlin und blieb es auch danach noch.

legen bei Berlin geboren; sein Vater war ein Anwalt jüdischen Glaubens, seine Mutter die Tochter eines evangelischen Pastors. Als junger Mann hatte er Literatur am Lycée Bonaparte in Paris studiert, und er kehrte immer wieder nach Frankreich zurück. Er bereiste aber auch Italien, England und die Niederlande. 1859 brach er von Marseille aus gen Ostasien auf, über Ägypten, Ceylon, Singapur und Hongkong. Er sollte jahrelang mit Schiff und Zug unterwegs sein. Von Shanghai aus gelangte er nach Japan, wo er zwischen Yokohama, Nagasaki und Edo pendelte, dem heutigen Tokio. Lindau fungierte als Generalkonsul für die Schweiz, er sollte eine Handelsvereinbarung zwischen der Schweizer Regierung und der Regierung in Japan abschließen. Dies waren aufregende, oft auch gefährliche Zeiten. Er erlebte mit, wie zwei Schiffskapitäne ermordet wurden, und er war bei der Exekution von Piraten dabei. Er überstand einen Rebellenaufstand in Shanghai. Dann reiste er nach Saigon, Macao und Wladiwostok weiter, und vermutlich bis Kalifornien (er schrieb Romane über Kalifornien). Er beriet amerikanische Firmen in Asien und gründete zwei englischsprachige Zeitungen, *Japan Punch* und die *Japan Times.*

Nach zehn Jahren im Fernen Osten reiste Lindau mit der neuen, transkontinentalen Eisenbahn über Kalifornien und New York zurück nach Europa. In Berlin schrieb er zunächst Reiseromane. 1873 berief Bismarck ihn zum Presseattaché in Paris; er sollte der antideutschen Haltung der französischen Presse etwas entgegensetzen. Aber Lindau hatte zu Bismarck immer ein etwas angespanntes Verhältnis. Der Kanzler traute dem Mann mit dem unorthodoxen Lebenslauf nie so ganz. 1878 ging Lindau zurück nach Berlin, wo er weiterhin in Bismarcks Presseamt arbeitete; hier kümmerte sich der eigentlich eher konservative Beamte darum, die linke Presse kritisch zu begleiten. Als Bismarck zwei Jahre später stürzte, blieb Lindau im Auswärtigen Amt und hielt weiterhin engen brieflichen Kontakt zu politischen Größen wie Bismarcks Sohn Herbert, der im Reichstag saß, oder Gerson von Bleichröder, dem reichsten Mann Preußens, der »Bismarcks Bankier« genannt wurde. Bleichröder hatte die französischen Reparationszahlungen von 1871 federführend ausgehandelt, die den Gründerzeitboom in Berlin und im ganzen Reich befeuert hatten, den Twain so sehr bewunderte.

Aber Lindaus Herz gehörte immer der Literatur. Er schrieb mehr als ein Dutzend Romane auf Deutsch, Französisch und Englisch – seine britischen Verleger waren William and John Blackwood aus Schottland. Und er korrespondierte mit Schriftstellern wie Theodor Fontane, Hermann Sudermann, Julius Rodenberg – ein Journalist der *National-Zeitung* und der *Breslauer Morgenzeitung* – oder auch Paul Heyse, der dem *Tunnel über der Spree* angehörte. Wie Twain Lindau kennenlernte, ist nicht überliefert, aber höchstwahrscheinlich war es Lindau, der sich dem Amerikaner vorstellte. Twain dürfte damals in Berlin bekannter gewesen sein als dreißig Jahre später Hemingway in Paris.

Die Potsdamer Straße um 1890. Lindau lebte in einer Seitenstraße.

Twains erster Brief an Lindau ist vom 7. Dezember 1891, darin antwortet er offenkundig auf einen Vorschlag, sich zu treffen. »Ich bin entzückt und schlage Mittwoch vor, das ist mein einziger freier Abend diese Woche.« Vier Tage später dankte er Lindau für ein Abendessen in dessen Wohnung in der Sigismundstraße, einer Seitenstraße der Potsdamer, an der heute die Neue Nationalgalerie liegt. Das Essen sei »für einfache Sterbliche einfach zu köstlich & zu exquisit gewesen, in jeder Beziehung«. Er fuhr fort: »Es war ein durch und durch perfekter Abend in einer perfekten Umgebung, mit allem, was zur Perfektion dazugehört.« Er kündigte an, dass er »extra für dich eine alte Kolbenpfeife mit Whiskey getränkt« habe. Und in einem undatierten Brief, wahrscheinlich aus derselben Woche, schrieb er: »Ja, die Zeit rast – lass uns sofort alte Freunde sein! Ich bin da ganz bei dir und danke für den Vorschlag.« In diesem Brief blättert er auch Details aus seinem Leben auf, nach denen sein neuer »alter« Freund offenbar gefragt hatte, zum Beispiel, wie er es geschafft habe, die Hand von Olivia zu gewinnen. Dabei war er damals doch »arm & vollkommen unbekannt und die Langdons [Olivias Eltern] zählten zu den ersten Familien der Stadt. »Ich wartete mehrere Wochen & verfolgte das Mädchen & wurde zweimal zurückgewiesen & wurde schließlich akzeptiert, nachdem das Mädchen erschöpft war.«

Später in seinem Leben erwog Twain, über Lindau zu schreiben, aber er wollte nicht den Namen seines Freundes preisgeben, also nannte er ihn »Smith«. »›Smith‹ war ein spezieller Freund von mir«, erzählte er Bigelow Paine. »Ich genoss seine Gesellschaft sehr, wenngleich ich sie nie vor Mitternacht bekam.« Wie Twain erklärte, arbeiteten solche hochrangigen Beamten wie Lindau jeden Tag von neun Uhr morgens an, und am Abend nahmen sie dann noch an höfischen Banketten teil. Deshalb war es ihnen nicht möglich, »vor Mitternacht lebenswichtige Frischluft und Entspannung für ihre erschöpfte Seele zu erlangen«. Also gingen sie danach noch aus und »stapften dankbar und ausgiebig durch die menschenleeren Straßen von Berlin, bis zwei Uhr früh«. Die beiden müssen interessante Unterhaltungen geführt haben. Leider sind davon keine Aufzeichnungen erhalten.

In einem seiner Briefe teilte Twain Lindau mit, dass Botschafter Phelps am 18. Dezember 1891 eine Lesung in Dresden organisiert habe, anlässlich eines Dinners des Englisch-Amerikanischen Clubs. »Ich sagte ihm, ich würde lesen, wenn er mitkäme & mich davor bewahrte, auf dem Weg verloren zu gehen – deshalb vermute ich, er kommt mit« (was Phelps auch tat). Twain las eine Satire über das französische Duell aus *Bummel durch Europa*, bei dem die größte Gefahr darin liege, dass die Kombattanten sich an der frischen Luft eine Erkältung holen würden, ferner *Tar Baby*, ein afro-amerikanisches Märchen, sowie – möglicherweise – ein Stück über Oudinot, eine Art Münchhausen aus Kentucky. Und natürlich sprach er über sein Lieblingsthema, *Die schreckliche deutsche Sprache.* Wie die *New York Times* berichtete, schlug er vor, sie zu reformieren oder in »der Rumpelkammer für tote alte Sprachen« abzulegen. Er beendete den Abend mit der noch unveröffentlichten *Ghost Story.* In der folgenden Woche bat Twain einen Dresdener Freund brieflich, ihm zwei Berichte lokaler Zeitungen über den Abend zu schicken. Nach seinem Tod wurde der Brief für viel Geld versteigert, das der Autor selbst hätte gut gebrauchen können.

Twain benötigte die Einnahmen, die er mit der Lesung verdiente, dringend, denn er war schon wieder knapp bei Kasse. Seine Konten leerten sich schneller als erwartet, denn Berlin war keineswegs so preiswert wie gedacht. Dazu wurde Twain noch mit Steuernachzahlungen konfrontiert. Als Max Horwitz von der *National-Zeitung* ihn fragte, wie lange er denn in Berlin zu bleiben gedenke, antwortete er: »Bis Eure Steuern mich wieder hinaustreiben.« In Preußen war gerade ein Gesetz verabschiedet worden, nach dem Ausländer ab Januar 1892 mit einer Abgabe von fünf Prozent belegt würden, zum Ärger vieler Amerikaner, eingeschlossen Twain. Deutschland sollte keinen Fremden besteuern, denn »der macht sich nicht lästig, er hat gar nicht den Wunsch, sich lästig zu machen«, sagte er zu Horwitz. Stattdessen sollte Berlin lieber Hunde besteuern. Tatsächlich wurde in den Städten Preußens bereits seit 1810 auch Hundesteuer erhoben. Bei der Besteuerung der Gäste hielt man sich in Berlin später zurück – bis zur Einführung der City-Tax 2014.

Twain hatte sich zunächst nicht um die Steuer gekümmert, zumindest solange die Preußen sein Einkommen lediglich schätzten. »Ich schere mich nicht um Kleinigkeiten wie diese«, sagte er zu Fisher. »Im Gegenteil, ich sage es ganz offen. Ich bekenne, dass ich einen Cent für jedes Wort bekomme, das ich schreibe, selbst für so kleine Worte wie ›Ich‹ oder ›MannderAngstvorseinerSchwiegermutterhat‹. Aber glauben die mir?

Die doch nicht!! Die dachten, ich übertreibe.« Aber die preußischen Behörden vergaßen niemanden, den sie einmal registriert hatten, vor allem nicht, wenn er ihnen Geld schuldete. Am 1. Dezember 1891 bekam Twain einen Steuerbescheid in die Körnerstraße – Albert Locher, ein Schweizer Literaturforscher, hat das Schriftstück in seinem Buch *Mit Mark Twain durch Europa* veröffentlicht. Die Schuld belief sich auf achtundvierzig Mark und vierzig Pfennige. Zum Vergleich: Für diese Summe konnte man damals eine Woche lang in einem Luxushotel wohnen. Twain reagierte nicht, weshalb er vier Wochen später eine Zahlungserinnerung in der Post hatte.

Richtig verärgert wurde der Schriftsteller, als die Behörden von ihm auch noch zwölf Mark Kirchensteuer einforderten. Er argumentierte, dass er allenfalls einmal in der Kirche gewesen sei – und dass er sich einen zweiten Besuch unter diesen Umständen wohl nicht mehr leisten könne. Er fand schon die Idee einer Kirchensteuer schlicht unverschämt. »Hier kommen nur die Reichen in den Himmel«, schrieb er in sein Tagebuch. Pastor Dickie allerdings bestätigte, dass Twain einige Male im Gottesdienst war, weshalb man diese Einlassungen unter Sarkasmus verbuchen kann. Wobei es wahrscheinlich seine Frau Olivia war, die ihn zum Kirchenbesuch drängte, eine »wunderbare Seele«, wie Dickie schreibt, deren »Andenken von den Damen der Berliner Gemeinde in den höchsten Tönen gepriesen wurde«.

Am 22. Dezember schickte Twain einen ausführlichen Brief an Frederick Hall (gegen Olivias Rat), in dem er sich nicht nur über die »ewigen deutschen Steuereintreiber« beschwerte, er machte zudem Edmund Clarence Stedman für seine Geldnot verantwortlich. Stedman war Lektor der *Library of American Literature*, die Twains Verlag Webster herausgab. Twain hatte den Eindruck, dass Stedman die »Verwirrung« von Charles Webster ausgenutzt und gigantische Honorare für Bücher eingestrichen hatte, die kein Geld brachten, während Twain selber knapp bei Kasse war. Er ging so weit, Stedman einen »kaltblütigen Hai« zu nennen. Hall hingegen versuchte, Twains Sorgen zu zerstreuen, indem er erklärte, McClure würde zwar schleppend zahlen, »aber wir können ganz beruhigt sein, der Vertrag ist doch durch die N.Y. Sun abgesichert«. Irgendwann dachte Hall darüber nach, McClure zu umgehen und die *New York Sun* direkt um Geld zu bitten.

Aber fürs Erste bat Olivia Hall um einen neuen »Kreditbrief über 10000 Dollar, ausgestellt auf den 1. Februar 1892 und mit einem Jahr Laufzeit«. Mit solch einem Kreditbrief war die Familie in Berlin angekommen, aber der würde im Januar ablaufen. Das Geld kam von Olivias Bruder Charles Langdon, der das Vermögen der Langdons verwaltete. Sie hatte vor, eintausend Dollar im Monat abzuheben, obwohl sie es »hasste, das Kapital anzugreifen, und nicht nur die Zinsen«. Außerdem ermunterte sie Hall, öfter zu schreiben. Seine Briefe hätten einen besänftigenden Einfluss auf ihren »ruhelosen« Ehemann.

In gedämpfter Stimmung, aber entschlossen, sich nicht unterkriegen zu lassen, feierte die Familie Weihnachten in der Körnerstraße. Und Twain hatte ein ganz besonderes Geschenk für seine Töchter. »Unter dem Weihnachtsbaum, gold und silber geschmückt und mit gelben Kerzen, lag für die Mädchen eine Übersetzung des *Struwwelpeter*«, berichtete *The New York Times*. Twain hatte »es selbst eingewickelt und mit einer großen roten Schleife verziert. Er nahm neben dem Baum Platz und trug die Verse derart dramatisch vor, dass seinen drei Zuhörerinnen vor Lachen die Tränen kamen«.

Er sandte außerdem Weihnachtsgrüße an Lindau, Phelps und Mary Willard, die Lehrerin seiner Tochter Clara. Ihr schenkte er ein signiertes Exemplar seines Buches *Ein Yankee aus Connecticut an König Arthurs Hof*, während Lindau mit einem Foto von Twain bedacht wurde – beinahe acht Jahre alt, »aber es ist das letzte, das von mir gemacht wurde«,

Der Struwwelpeter war Twains liebstes deutsches Kinderbuch. Er übersetzte das Buch selbst, um es seinen Kindern zu Weihnachten zu schenken. Aber er vermochte nicht, es in Amerika zu publizieren.

wie Twain schrieb. Er bat seinen Freund im Gegenzug auch um ein Foto. Auch Hall schickte er einen Brief, der allerdings war weniger festlich. »BITTE MEINEN KREDITBRIEF ERNEUERN«, schrieb er in Großbuchstaben, und fügte hinzu, »läuft am 7. Januar ab.«

Doch trotz seiner finanziellen Probleme und obwohl er die Miete für die Körnerstraße im Voraus bezahlt hatte, gab Twain die Wohnung Ende des Jahres auf. Seinem Tagebuch zufolge hatte er die Entscheidung bereits am 12. Dezember getroffen, und er beauftragte sogar einen Rechtsanwalt, die Kündigung zu beschleunigen. »Es ist vorbei mit der Körnerstraße, zu viel Polizei«, soll Twain zu Fisher gesagt haben. Fisher schreibt von zwei Ereignissen, und es sei der zweite Zusammenstoß gewesen, der das Maß vollgemacht habe. Beim ersten Mal sei ein Polizist wegen »Erregung öffentlichen Ärgernisses« in das Apartment gestürmt.

Der Polizist erhob den Vorwurf, er könne die Bettwäsche der Familie Clemens vom Bürgersteig aus durch das Fenster sehen, wenngleich nur, wenn er auf Zehenspitzen stehen würde. Twain verweigerte dem Polizisten den üblichen Respekt. Verärgert über dessen Eindringen bemerkte er stattdessen: »Ich hatte noch überhaupt kein Frühstück, und wenn jetzt der Kaiser selbst riefe, ich würde ihn rauswerfen.« Twain musste wegen Beamtenbeleidigung vor Gericht erscheinen, wo er zu insgesamt fünfzig Mark Strafe verurteilt wurde, wie Fisher schrieb. Zwanzig Mark seien für ungebührliches Betragen vor Gericht gewesen, weil Twain aus Bequemlichkeit die Beine übereinander geschlagen habe. Zehn Mark soll er für die Zurschaustellung seiner Bettwäsche gezahlt haben und noch einmal zwanzig Mark dafür, dass er einen Polizeibeamten ausgelacht habe. Der Wahrheitsgehalt dieser Geschichte ist allerdings eher fragwürdig. Twain erwähnt den Vorfall weder in seinem Tagebuch noch hat er Bigelow Paine davon erzählt. Außerdem war es so gut wie unmöglich, von der Straße aus in das Fenster einer Wohnung im ersten Stock zu schauen. Fishers Buch erschien kurz nach dem Ersten Weltkrieg, als die Stimmung in den USA sehr anti-deutsch war. Durchaus wahrscheinlich, dass Fisher Twain Worte in den Mund legte, die dem Zeitgeist entsprechend nicht schmeichelhaft für Deutschland waren.

Es gab aber noch einen zweiten, besser dokumentierten Besuch der Polizei, der Twain aufbrachte. Die Behörden hatten ihm mitgeteilt, dass er als Haushaltsvorstand verantwortlich für alle im Haushalt lebenden Personen sei, auch für die Angestellten. Deshalb wurde Twain gefragt, ob er sicher sei, dass seine drei Hausmädchen gegen Pocken geimpft seien. Twain antwortete, dass er keine Ahnung habe, er habe allerdings nie irgendwelche Impfnarben gesehen. Daraufhin erklärte der Polizist, es könne sein, dass die Mädchen verborgene Impfnarben an den Beinen hätten – weil »manche Frauen nun einmal so eitel sind«. Twain entgegnete: »[M]öglich, aber ich habe weder unter ihre Arme geschaut noch unter ihre Unterröcke. Ich gehe zwar davon aus, dass sie Beine haben, aber mit Sicherheit und schlussendlich weiß ich nichts darüber. Und heute ist ihr freier Tag, sie sind aus. Falls Sie sie aber untersuchen müssen, gegen zehn Uhr werden sie wieder da sein. Dann können Sie selbst gucken, wenn es das Gesetz verlangt.« Fisher zufolge fuhr Twain fort: »Der Polizist kam also zurück und sagte den Mädchen, er sei von mir autorisiert, nach ihren Impfnarben zu suchen, wo immer sie sich auch befinden mögen. Natürlich verursachte das einen Aufruhr, und die Mädchen schimpften, ich sei kein Gentleman. Und um dem allen ein Ende zu machen, bezahlte ich die Miete für ein ganzes Jahr, genauer gesagt für elf Monate, und verließ die Wohnung.«

Diese Geschichte dürfte einen wahren Kern haben, wenngleich sie höchstwahrscheinlich ausgeschmückt wurde. Die preußische Polizei genoss tatsächlich jede nur vorstellbare Autorität, aber ob sie auch unter den Rock eines Hausmädchens reichte, ist doch fraglich. Das wäre schon an der damaligen Prüderie gescheitert. Preußen war allerdings auch bekannt für die Verehrung der Uniform. Dieser Respekt vor der Obrigkeit, vor allem, wenn sie in Uniform auftrat, und der unbedingte Gehorsam gegenüber Polizei und Militär waren Twain fremd. Deshalb ist es durchaus möglich, dass er mit der Polizei aneinandergeriet, auch wenn die Details mit der Zeit ein wenig übertrieben wurden.

Twain schrieb dem Makler, Mr. Prächtel, einen Brief, in dem er ihn aufforderte, das Mobiliar abzuholen, und ihm anbot, für »angeschlagenes Geschirr« und zwei gesprungene Fenster aufzukommen. Er erinnerte ihn auch daran, dass der Hausbesitzer, Rittmeister Killisch, einem Nachmieter zustimmen müsse. Vielleicht versuchte Twain, jemanden zu finden, der in seinen Mietvertrag einstieg. Und er fragte den Makler, ob er Fritz den Schlüssel geben könne, dem Portier, seinem neuen (und schon wieder verlorenen) Freund.

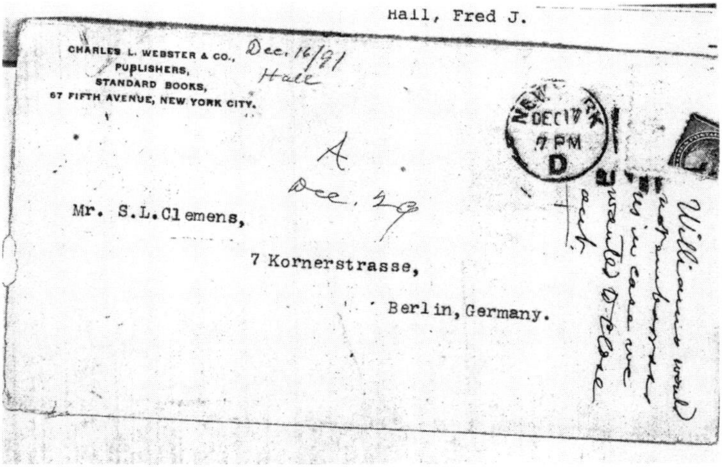

Der letzte Brief, den Twains Verleger Fred Hall an die Körnerstraße 7 sandte.

In seinem Tagebuch hielt er seine außerordentliche Unzufriedenheit fest. Er habe den Eindruck, Prächtel habe seinen »Vorteil aus unserer Unwissenheit gezogen und dafür das Vierfache berechnet. Das war ihr Zug. Meiner kommt noch. Ich habe nichts gegen Sie in der Hand, außer Druckerschwärze. Aber, mein lieber Mann, ich werde dafür sorgen, dass Sie reichlich davon kriegen.« Er bezog sich auf *Wie man in Berlin eine Wohnung mietet*, das Stück, das damals leider unveröffentlicht blieb. Immerhin wurden seine Anmerkungen über den deutschen Ofen publiziert, wenn auch erst lange nach seinem Tod in der Geschichte *Gespräche mit Satan.*

~

Twain mietete eine Suite mit acht Zimmern im Hotel Royal, Unter den Linden 3 – sechs Schlafzimmer, ein Esszimmer und ein Wohnzimmer. Am 31. Dezember um 13.30 Uhr zog die Familie ein. Noch am selben Tag bat Twain um mehr Decken,

Das Hotel Royal Unter den Linden, Ecke Wilhelmstraße um 1890.

ein weicheres Bett im Elternschlafzimmer sowie um einen »Sekretär, eine Garderobe & einen Schreibtisch« in jedem Schlafzimmer.

Das Royal war damals schon ein älteres Gebäude mit nur zwei Obergeschossen. Es stammte aus dem 18. Jahrhundert, war aber 1860 von Grund auf modernisiert worden. Das Royal lag an der Südostecke der Kreuzung Unter den Linden und Wilhelmstraße, nahe dem Brandenburger Tor. Einige Jahre später wurde das Hotel Adlon direkt am Pariser Platz errichtet, neben dem Palais Blücher, wo die US-Botschaft 1939 Quartier nahm. Sowohl das Adlon als auch die amerikanische Botschaft wurden während des Zweiten Weltkrieges zerstört. Nach dem Fall der Mauer entstanden das neue Adlon – dessen Fassade an das alte Haus erinnert – und die Botschaft an gleicher Stelle wieder. Östlich des Royal, Unter den Linden 5, und direkt neben der russischen Botschaft eröffnete 1892 das Hotel Bristol. Das Bristol war selbstverständlich viel

Das Grundstück des Hotel Royal heute. Hier sind nun Bundestagsbüros.

moderner; es hatte bereits einen Fahrstuhl und zehn Suiten, die alle über ein Bad und elektrisches Licht verfügten. Aber das Hotel Royal dürfte deutlich günstiger gewesen sein, und Twain (oder wohl eher Olivia) hatte noch nicht vollständig aufgegeben, zu sparen. Das Royal war beliebt wegen seiner Lage und seines ausgezeichneten Rufs. Botschafter, sogar gekrönte Häupter stiegen hier ab; der zeitgenössische *Baedeker* von 1891 nannte es »vornehm« und wies darauf hin, dass im Royal ausschließlich Wein, kein Bier serviert werde, Letzteres galt wohl als vulgär.

Das Royal bot einen großartigen Blick auf den Boulevard Unter den Linden, den Pariser Platz mit seinen prächtigen Bauten, Springbrunnen und Blumenrabatten und das Brandenburger Tor. Es war eine viel angemessenere Adresse für einen erfolgreichen amerikanischen Schriftsteller als die Wohnung in der Körnerstraße. Und viele von Twains Freunden wie die von Versens, Phelps und Coleman wohnten gleich

Das Brandenburger Tor um 1890, wie Twain es von seinem Hotelzimmer aus sah. Die Siegessäule ist im Hintergrund zu erkennen …

um die Ecke. Am zweiten Tag in ihrem neuen Domizil wurden Twain und Olivia von Botschaftssekretär John Jackson zum Empfang geladen, wie die *New York Times* pflichtgemäß berichtete, begleitet vom Korrespondenten-Kollegen Murat Halstead und dessen Frau.

»Wunschlos glücklich« habe sie sich in ihrem neuen Zuhause gefühlt, erinnerte sich Clara Clemens später in ihrer Biografie. Oft habe sie oben am Fenster gestanden und den Kaiser Wilhelm II. beobachtet, wenn der mit seiner Entourage morgens vom Schloss die Linden hinunter durch das Brandenburger Tor in den Tiergarten, ehemals königlicher Jagdgrund, ausritt, in der rasch wachsenden Stadt so etwas wie der Central Park in New York. Clara war von der Aussicht ganz beseelt und schwärmte, was der Kaiser »für eine außerordentlich romantische und glänzende Figur abgab. Wir wurden es nie leid, Geschichten über ihn zu hören«. Unter

… das Brandenburger Tor heute. Der Pariser Platz wurde vollständig rekonstruiert. Die Siegessäule mit dem Engel steht nun im Tiergarten.

den Linden war über sechzig Meter breit, es seien eigentlich drei Straßen in einer, wie Twain schrieb, mit den berühmten Lindenbäumen und dem Reitweg in der Mitte. Diesen Mittelweg, auf dem nur der Kaiser reiten durfte, nannte Twain in seinem Tagebuch »Heiliges Land«. Oft beobachtete er Seine Majestät in ihrer Kutsche, gezogen von edlen Rossen. Twain schrieb in seinen Notizen, dass »all diese Rosse aus erlesener Zucht zu stammen scheinen, wenngleich ich kein Experte für Pferde bin & nicht dafür garantieren kann. Mit Sicherheit weiß ich nur, was der vordere Teil eines Pferdes ist und was der hintere, ansonsten reicht mein Fachwissen nicht über den Durchschnitt hinaus.«

Jean, Twains jüngste Tochter, war ebenfalls begeistert und staunte. »Der Kaiser fährt die Linden rauf und runter«, schrieb sie in ihr Tagebuch. »Die Leute stehen dicht gedrängt. Der Kaiser ist einer der schönsten Menschen, die ich je gesehen habe.

Eine Anzeige in einer Berliner Zeitung für das neu eröffnete Hotel Bristol.

Er verbeugt sich und salutiert mit großer Würde vor der ihn erwartenden Menge. Er hat fünf Söhne und es gibt Berichte, dass es sogar sechs sein sollen.« (Laut Fisher soll Twain einmal bemerkt haben, dass der Kaiser eine Affäre mit der Frau des französischen Botschafters gehabt hätte, vielleicht hatte Jean diese Weisheit daher.) Sie mochte auch den Tiergarten. »Der Thiergarten ist ein Erholungsort, es ist ein großer Wald mit vielen guten Wegen und Durchfahrten«, schrieb sie. »Es gibt dort kleine Seen, die in Sommer und Herbst mit Enten und Schwänen bedeckt sind und im Winter mit eislaufenden Jungs und Mädchens.« Sie ging auch zur Schule, »zum ersten Mal in meinem Leben, und es hat mir sehr gut gefallen. Jeden Morgen auf meinem Weg zur Schule fütterte ich zwei Pferde, und eines wollte mir einmal sogar folgen.«

Clara liebte am meisten das Hotel Royal selbst. »Hin und wieder wurden wir zu privaten Essen mit dem Hotelmanager eingeladen, der sehr besorgt war, uns seine Dankbar-

Das Denkmal für Friedrich den Großen, Unter den Linden.

keit darüber zu zeigen, dass wir hier abstiegen«, schrieb sie. »Aber Susy und ich mochten lieber den Speisesaal des Hotels, wo wir interessante Charaktere beobachten konnten.« Einmal bemerken die beiden Mädchen einen »äußerst gutaussehenden Mann« im Speisesaal. Sie steigerten sich richtig hinein und tuschelten über seine »feinen Augenbrauen, die klassischen Züge, die griechische Figur und das geistvolle Lächeln«. Schließlich stellte sich Twain dem Mann vor, der Brite war. Leider wollte er nicht glauben, dass es sich bei ihm tatsächlich um den berühmten amerikanischen Schriftsteller handelte. Daraus wurde also nichts. »Künftig bewahrten meine Schwester und ich Stillschweigen, wenn wir auf Reisen in Europa unser Ideal entdeckten«, schrieb Clara.

Susan Crane, Olivias ältere Adoptivschwester, war ebenfalls erleichtert über den Umzug in das feine Hotel, zumal sie kein Wort Deutsch sprach. Albert Locher zufolge diente ihr ein junger Kellner namens Ernst Köppe als Dolmetscher. Sie war darüber so dankbar, dass sie ihn nach Elmira im Staat New York einlud, wo die Familie später lebte, und er sollte sie tatsächlich besuchen.

Twain begann, die Nachbarschaft zu erforschen. Unter den Linden standen viele bekannte Gebäude. Manche sind noch erhalten oder wurden nach dem Krieg rekonstruiert, wie das Kronprinzenpalais, die Königliche Oper – heute die Staatsoper – und die Friedrich-Wilhelms-Universität, die heutige Humboldt-Universität. Verschwunden ist das Café Bauer an der Friedrichstraße, während das Hotel du Rome im alten Haus der Dresdner Bank 2006 wieder eröffnet wurde. Die einstige königliche Bibliothek am Opernplatz, ein spätbarocker Bau aus dem 18. Jahrhundert, beherbergt heute die Juristische Fakultät der Humboldt-Universität. Wegen ihrer geschwungenen Fassade, die nicht so recht zum Ensemble des Platzes passt, hat sie den Spitznamen »Kommode«. Twain, der die Bibliothek mit Henry Fisher besuchte, war davon ganz angetan. Er bemängelte aber, dass es keinen gedruckten Katalog zu geben schien. »Bevor man dorthin geht, muss man wissen, was man will«, bemerkte er. Und »einige Leute behalten chinesische & andere Bücher über Monate, wenn nicht Jahre«. Glücklicherweise erkannte ein Bibliothekar den berühmten Autor, führte ihn und Fisher herum und überließ die beiden dann sich selbst mit einer Sammlung historischer Briefe. Es handelte sich um die private Korrespondenz preußischer Hoheiten, meistenteils von Friedrich dem Großen. Sie waren auf Französisch, der von Friedrich bevorzugten Sprache. Fisher erwähnt einen Brief des Philosophen Voltaire an den König, »aber der Text war zu derbe anstößig, um außerhalb einer Station für Psychopathen von Interesse zu sein«. Twain entdeckte in der Zwischenzeit ein zehnseitiges handgeschriebenes Manuskript mit dem Titel *Tetragamie von Schopenhauer*.

Der Philosoph und Immanuel-Kant-Schüler Arthur Schopenhauer, geboren in Danzig, hatte mehrere Jahre in Berlin

Die frühere Königliche Bücherei gehört nun zur Humboldt-Universität.

gelebt. Sein Hauptwerk *Die Welt als Wille und Vorstellung* zielt darauf ab, dass die Welt vor allem in der Vorstellung des Beobachters existiere und zudem generell schlecht sei – zumindest seien menschliche Begierden sinnlos und unlogisch, deshalb solle die Menschheit zu einem asketischen Lebensstil finden. Er selbst war nie verheiratet, wenngleich er ein uneheliches Kind hatte (das früh starb) sowie eine problematische Beziehung zu seiner Mutter. Er glaubte, dass Frauen geschaffen seien, um zu gehorchen – etwas, das seine Mutter partout nicht einsehen wollte –, und dass Homosexualität zumindest die Fortpflanzung unbrauchbarer Elemente verhindere und deshalb nicht ganz schlecht sei. Über die Deutschen schrieb er: »Dem Deutschen ist es sogar gut, etwas lange Worte im Mund zu haben: denn er denkt langsam, und sie geben ihm Zeit zum Besinnen.« Vielleicht waren es solche Sätze, die bei Twain das Interesse an Schopenhauer weckten; jedenfalls griff er nach den Seiten und fragte Fisher, was »Tetragamie«

Der in Danzig geborene Philosoph Arthur Schopenhauer lebte lange in Berlin.

bedeute. Als der Kollege ihm erklärte, dass der Begriff eine Ehe mit vier Frauen meine, witzelte Twain: »Gut! Ich wollte die Monogamie schon immer mal reformieren, wenn meine Frau es nicht mitbekommt.« Dann bat er Fisher, die Seiten per Hand zu kopieren und vom Deutschen ins Englische zu übersetzen. Twain mochte Schopenhauer allerdings nicht besonders. Er verglich ihn mit dem »schwulen Strindberg«, in dessen Werken nur Frauengestalten vorkämen, die »hartgesichtige, verdrießliche, herzenskalte, vorlaute, gierige, rachsüchtige, jähzornige Drachen« seien. Jeder, der so frauenfeindlich sei wie diese beiden, müsse schwul sein, vermutete der Schriftsteller. Letztlich schrieb er dann doch nichts über Schopenhauer.

Dagegen verfasste er ein kurzes Stück über die Postzustellung in Berlin, für das er aus seinem Leben in der Körnerstraße schöpfte. In dieser Geschichte – die, warum auch immer, nie gedruckt wurde – verglich er die Post in Berlin mit dem Postservice in New York – nicht sehr schmeichelhaft für letzteren. Noch enthusiastischer stimmte ihn die Rohrpost, ein unterirdisches Röhrensystem. »Dein Brief wird wie ein Telegramm durchgeschossen & sofort ausgeliefert«, stellte er fest. Die Rohrpost stellte ihren Dienst in West-Berlin 1972 ein, im Ostteil erst in den achtziger Jahren.

Twain war auch fasziniert von der Litfaßsäule, die im 19. Jahrhundert ihren Erfinder, den Verleger Ernst Litfaß, reich und berühmt machte. Die Säulen waren nicht nur Werbeträger, sie informierten das Publikum auch über Bekanntmachungen, Amüsements, Theateraufführungen und so fort und sie wurden meist von Passanten umlagert. Eine Erfindung, die es wert sei, in die USA eingeführt zu werden, schrieb Twain. »Als Buffalo Bill hier gastierte, war sein größtes Plakat wahrscheinlich nicht größer als der Deckel eines gewöhnlichen Koffers.«

In seiner Geschichte über die Post offenbart Twain auch seine Meinung über Berliner Denkmale. Das einzige, das ihm Achtung abrang, war die Statue von Friedrich dem Großen. Am allerwenigsten mochte er den goldenen Engel auf der Siegessäule. »Das ist einer der unangenehmsten Engel, die ich jemals getroffen habe.« Zu Twains Zeit stand die Siegessäule noch nordwestlich vom Brandenburger Tor, erst die Nazis transportierten sie in den Tiergarten. Twain addierte aber noch ein drittes »Monument«: Den Bettler – weil die hier so selten seien, dass er nur einen gesehen habe, einen mit einem Holzbein. »Immer, wenn ich vor meinem geistigen Auge den Friedrich & die Viktoria erblicke, sehe ich auch diesen Bettler mit dem Holzbein [...] Er ist nicht der Schmutzfleck der Gruppe, sondern eine ehrenwerte Ergänzung, weil er dafür steht, dass das Gesetz durchgesetzt wird. In allen zivilisierten Städten gibt es fein zisilierte & sehr strenge Gesetze gegen öffentliches Betteln, aber ich glaube nicht, dass es viele Städte gibt, wo die Polizei sich damit abplagt, dass die auch eingehalten werden.« Twain fragte sich allerdings auch, was Berlin denn

Als Twain in Berlin lebte, war das Hauptpostamt an der Leipziger Straße 16, Ecke Mauerstraße; 1897 war es bereits ein Postmuseum. Heute befindet sich hier das Museum für Kommunikation. Gekrönt wird es von Giganten aus der griechischen Mythologie, die einen Globus tragen.

für die »Armen und Einsamen« tue – damals gab es in der Stadt Zehntausende Obdachlose –, und er nahm sich vor, diese Geschichte einmal zu erzählen, tat es aber doch nicht.

~

In den ersten Januartagen reisten Mark Twain und seine Frau Olivia nach Ilsenburg am Brocken, dem höchsten Harzgipfel und mythenumwobenen Berg, auf dem im *Faust* die Hexen Walpurgisnacht feiern. Sie quartierten sich bei Pastor Friedrich Wilhelm Orthmann ein, der eine kleine Pension betrieb. Das Paar hatte die Adresse von Pastor John Henry Stuckenberg, dem ersten, zu Zeiten Twains noch amtierenden Pastor der Amerikanischen Kirche in Berlin. Zu Abend aßen sie mit den Honoratioren des Ortes, unter ihnen ein Graf Otto von Stolberg-Wernigerode. Der Graf meinte, über den gewöhnlichen Sterblichen zu stehen, und weigerte sich, der Gattin des Arztes die Hand zu reichen, was Twain extrem arrogant fand. Stuckenbergs Nachfolger übrigens, Pastor Dickie eben, beschwerte sich später in New York bei Twain darüber, dass der für amerikanische Besucher den Urlaub in Ilsenburg verdorben habe: Als nämlich Twain dort nächtigte, erhöhte Pastor Orthmann den Preis von drei auf fünf Mark die Nacht.

Nachdem das Paar am 12. Januar 1892 nach Berlin zurückgekehrt war, erhielt Twain gleich mehrere gute Nachrichten von Frederick Hall. Webster & Co. standen kurz davor, seinen kürzlich fertiggestellten Roman *The American Claimant* in Amerika auf den Markt zu bringen, während Chatto & Windus ihn in England veröffentlichen wollten. Ein neues Londoner Magazin, *The Idler*, plante, das Buch als Serie zu drucken. Und die *Deutsche Verlags-Anstalt* in Stuttgart hatte die deutschen Rechte erworben und die Übersetzung bereits beauftragt. Das Buch sollte zwar langfristig kein Erfolg werden, aber Twain konnte den Vorschuss gut gebrauchen. Hall teilte ihm auch mit, dass 1891 von *Huckleberry Finn* 17 000 Exemplare verkauft worden waren, zu Twains großer Erleichterung, weil er auch dafür Tantiemen bekam. Der Autor beendete seinen Brief mit den Worten: »Ich bin der Grippe so weit entkommen.« Das, jedoch, war voreilig.

Einen Tag später las Twain auf Einladung von Pastor Stuckenberg in den Räumen des YMCA in der Wilhelmstraße 34. Hierbei zeigte sich, dass er sich doch gelegentlich für die Kirche engagierte. Die Amerikanische Gemeinde hatte damals noch kein eigenes Gebäude, sie mietete Räume von den Methodisten in der Kreuzberger Junkerstraße (heute befindet sich dort anstelle der Straße das Springer-Hochhaus). Doch sie plante einen Neubau in der Motzstraße, nicht weit vom Nollendorfplatz, und Twain unterstütze das Vorhaben. Sein

Eine Postkarte von 1890 vom Haus des YMCA in der Wilhelmstraße 34.

Vortrag im YMCA brachte 1257 Mark und 90 Pfennige ein; er spendete die gesamte Summe für das Bauvorhaben (der Milliardär John D. Rockefeller sollte noch eine bedeutend größere Spende für das Projekt erbringen).

Die Lesung war ein großer Erfolg, wie das *Berliner Tageblatt* berichtete. Das *Tageblatt* hatte Gertraut Chales de Beaulieu geschickt, eine Reiseschriftstellerin und Übersetzerin für englische Literatur. Sie schrieb unter dem Pseudonym G. von Beaulieu, weil Reporterinnen zu jener Zeit kaum akzeptiert waren. Die Lesung habe etwas vom »Broadway in New York«, schrieb sie: »Amerikanische Persönlichkeiten, amerikanische Gespräche!« Dem Autor sei es gelungen, das große, hauptsächlich amerikanische und englische Publikum zu fesseln, darunter viele »junge hübsche Damen mit excentrischen Hüten, federwippenden, rothbeschleiften, mit schmalen, feinen interessanten Gesichtern und schlanken graziösen Gestalten«. Sie beschrieb Twain wie folgt: »Ein schmales blasses kühnes Gesicht unter dem weißen mäh-

Heute ist diese Ecke der Wilhelmstraße ein DDR- und Mauermuseum.

nenähnlichen Haar; dunkle, kleine, tiefliegende Augen blitzen bald unter buschigen, noch dunklen Brauen, bald blicken sie scharf beobachtend in die Ferne; eine gebogene Nase mit gewölbten Nasenlöchern, ein dunkler langer Schnurrbart über einem geistreichen Munde, ein kräftiges Kinn, dazu eine schmiegsame, leicht bewegliche, elegante Gestalt.«

»Mark Twain spricht trocken, ernst, er unterstützt seine Rede durch Gesten, doch nie verzieht er seine Lippen, ja auch seine Augen lachen nicht«, fuhr Beaulieu fort. Er las »Die Geschichte der alten Fischfrau«, und die von der »Blauen Elster« aus *Bummel durch Europa.* Und er machte Witze über einen der Berliner Reporter, der versucht hatte, ihn zu interviewen. Bedauerlicherweise habe er »diesen Wissensdurstigen so gründlich enttäuscht«, dass ihm – Mark Twain – der Rat erteilt worden sei, er möge um »Gottes Willen den Mund hermetisch verschließen«, sonst würde er womöglich seinen guten Ruf verlieren. Seine Zuhörer im YMCA allerdings lachten sich scheckig, vor allem, als er sich die deutsche Sprache vornahm. Allein bei »abreisen« könne man zwischen »ab« und »reisen« so viel sagen, dass man glatt den Zug verpasst. Beaulieu hingegen hätte lieber noch gehört, was der Autor über die Stadt zu sagen hatte. »Ungarische, italienische, französische, holländische Schilderungen Berlins haben wir schon gelesen, Mark Twain als Chronist von Berlin fehlt uns noch.«

Twain machte sich auch selbst über seine Sprachfertigkeit lustig. Einmal schrieb er in sein Tagebuch, er sei »in Berlin oft für sein Deutsch beglückwünscht worden. Bei einer Gelegenheit gab ich einen Satz mit siebenundvierzig Wörtern von mir & der enthielt nur dreiundsechzig Grammatikfehler.« In einer anderen Notiz meinte er: »Du bist ein Narr gewesen. Hättest du genauso viele Jahre in die Besserung deiner Seele investiert wie in die deutsche Sprache, wärst du schon im Himmel.« Fisher scherzte sogar, das Deutsch seines Kollegen sei über die Zeit nicht besser, sondern schlechter geworden.

Und der Autor selbst behauptete, man könne Englisch in dreißig Tagen, Französisch in dreißig Wochen lernen, für Deutsch brauche man dreißig Jahre, um es zu beherrschen. Dabei konnte Twain eigentlich ganz gut Deutsch. Bereits mit fünfzehn hatte er angefangen, die Sprache zu lernen, was in den USA damals nicht ungewöhnlich war. Albert Locher entdeckte einen frühen Brief von Twain, der 1878 sein erstes Visum für Deutschland beantragte. Den Brief schickte er an den damaligen amerikanischen Botschafter in Deutschland, Bayard Taylor. Twain beschreibt sich darin selbst folgendermaßen: »Geborn 1835; 5 Fuss 8 ½ inches hoch; weight doch eher about 145 pfund, sometimes ein wenig unter, sometimes ein wenig oben; dunkel braun Haar und rhotes Moustache, full gesicht, mit sehr hohe Oren und leicht practvolles strahlenden Augen und ein Verdammtes gut moral character, Handlungkeit: Author von Bücher.«

Auch Twains Frau und seine Töchter sprachen Deutsch. Grace King, eine Freundin der Familie, schreibt in ihren Memoiren, dass die gesamte Familie fließend Deutsch sprach. Als Twain mit seiner Familie dreizehn Jahre zuvor das erste Mal durch Deutschland gereist war, wurden sie »von einem deutschen Hausmädchen für die Kinder begleitet, und die ganze Atmosphäre im Haushalt war teutonisch«, schrieb Paine.

Twain machte in seinem Tagebuch auch Notizen, wie er seine Gedanken über die deutsche Sprache für ein Buch oder ein Stück nutzen könnte. Eine dieser Ideen war ein Roman über einen »finanziell klammen Amerikaner, der in Berlin Englischunterricht nach dem Sauveur-System erteilt [eine Methode nach Lambert Sauveur, bei der nur in der Fremdsprache gelehrt wird]. Kann selbst kein einziges Wort Deutsch. Sagt, er spricht D. so gut wie E., habe aber ein Gelübde abgelegt, vor seiner Klasse kein einziges Wort zu sprechen. Muss Begegnungen mit seinen Schülern auf der Straße, in der Kirche & im Alltagsleben stets aus dem Weg gehen (Situation!) – hübsches Mädchen unter den Schülern – während er angibt, legt sie ihn schließlich rein, er verspricht irgendwo eine Rede auf D. zu halten – Auflösung.« Leider blieb dieses Buch ungeschrieben, wie einige andere großartige Ideen auch, z. B. das Buch über den Mann, der sich »nach einer Wette für vierundzwanzig Stunden taub und stumm stellen muss – das erste Abenteuer ereignet sich in einer Postkutsche voller Frauen.«

Nicht jeder Deutsche begeisterte sich für Twains Späße über die deutsche Sprache. Albert Locher stieß auf einen Professor an der Friedrich-Wilhelms-Universität, einen H. Engel, der eine Lesung von Twain im Auditorium einer Mädchenschule verfolgte. »Ich fand es empörend, dass er große Teile der Lesung darauf verwendete, sich über die deutsche Sprache lustig zu machen«, schrieb Engel im Magazin der Universität. »Aber die meisten der Studenten und Lehrer dort schienen den Mangel an Taktgefühl nicht zu bemerken, weil sie wie wild applaudierten.« Engel störte sich auch an Twains

Südstaaten-Tonfall und seinem »schlurfenden Gang«, er beschrieb den Autor wie folgt: »Ein buschiger Schnurrbart bedeckte den größten Teil seiner Lippen, dicke, buschige Augenbrauen warfen einen Schatten über seine großen, ausdrucksvollen Augen, und sein volles weißes Haar ragte über eine hohe Stirn.« Überdies hatte der Professor auch noch einen Bekannten, der sich mit Twain einmal eine Pferde-Droschke geteilt hatte; der Mann war schwer enttäuscht, weil Twain kein bisschen lustig gewesen sei, sondern sich die ganze Zeit über seinen Rheumatismus beschwert habe. Das war eine Erfahrung, die auch andere Berliner mit Twain machten.

Twain hatte eigentlich vorgehabt, nach der Lesung im YMCA nach Ilsenburg zurückzukehren, aber eine Erkältung, die sich zu einer Lungenentzündung auswachsen sollte, vereitelte seine Pläne. Der Temperaturunterschied zwischen dem beheizten YMCA und der eiskalten Januarluft war enorm gewesen, und gleich nach seinem Vortrag hatten Twain und seine Frau Olivia noch einen Ball bei den von Versens besucht; sie kamen nicht vor zwei Uhr nachts zurück. Überdies waren die Öfen in Ilsenburg nicht »zufriedenstellend« gewesen; hier hatte sich der Autor die Erkältung wohl eingefangen.

Am Morgen nach der Lesung fühlte sich Twain fürchterlich. Ein Arzt wurde ins Hotel gerufen. Er diagnostizierte eine Grippe, auch die Bronchien waren befallen. Der Autor musste für die nächsten Wochen das Bett hüten. Schon recht bald fing er an, sich zu langweilen und sich über dies und das Notizen zu machen: Er mokierte sich in seinem Tagebuch über die Qualität des europäischen Kaffees, den er für »wertlos« hielt. Dann verlangte er bei Olivia nach Weingummi, amerikanischen Crackern und amerikanischen Backäpfeln. Auch über sein Schlafzimmer war er nicht ganz glücklich. Es war ungewöhnlich lang und schmal, er nannte es das »Wurst-Zimmer«, weil es ihn an ein Frankfurter Würstchen erinnerte. »Wenn

Wilhelmine von Preußen, die Schwester von Friedrich dem Großen, spätere Markgräfin von Bayreuth, und Gründerin der Bayreuther Oper.

es Beine hätte, würde ich es Dackel nennen«, sagte Twain zu Fisher, der seinem kranken Freund einen Besuch abstattete. Fisher versuchte, Twain aufzuheitern.

Er brachte ihm die Kopie des Schopenhauer-Manuskriptes mit, nach dem Twain ein paar Wochen zuvor in der Königlichen Bibliothek gefragt hatte. Aber Olivia konfiszierte die Seiten, sie wollte verhindern, dass ihr Mann sich mit der schweren Lektüre überanstrengte (vielleicht hatte Fisher aber auch nur behauptet, die Seiten abgeschrieben zu haben, während er tatsächlich für die Arbeit zu faul gewesen war). Außerdem brachte er Twain ein Buch, nach dem dieser gefragt hatte, die Erinnerungen der Wilhelmine von Preußen, Schwester und Vertraute von Friedrich dem Großen und spätere Markgräfin von Brandenburg-Bayreuth, Gründerin des Bayreuther Opernhauses. Twain war zweimal in Bayreuth gewesen, und die Markgräfin faszinierte ihn derart, dass er einen Roman begann, der auf ihrem Leben basierte. Er beendete das erste Kapitel – das mit der Ankunft von Wilhelmina, wie er sie nannte, in Bayreuth endet – und den ersten Entwurf für das zweite Kapitel. Aber er legte das Manuskript weg, weil seine Frau ihm zu viel Arbeit verbot, und er nahm es nie wieder auf. Nur ein Fragment ist erhalten. Es wird hier zum ersten Mal veröffentlicht.

Am 24. Januar, nachdem er elf Tage ans Bett gefesselt gewesen war, stand Twain das erste Mal auf. Seine Cousine Alice von Versen kam vorbei und lud ihn ins kaiserliche Schloss ein, um »der Segnung der Flaggen« beizuwohnen. Aber Twain war dazu noch zu schwach. Am nächsten Tag kam sie noch einmal und überbrachte ihm die Nachricht, dass Kaiser Wilhelm ihr befohlen habe, »ein Abendessen für ihn & mich in ihrem Haus« zu arrangieren, sobald Twains Zustand dies zulasse. Der Kaiser glaubte, ein Dinner im privaten Rahmen würde den genesenden Autor nicht derart anstrengen.

Twains Gesundung sollte allerdings noch einige Zeit dauern, in der er zwar seinen zweiundzwanzigsten Hochzeitstag feierte, meist aber schaute er nur aus seinem »Krankenzimmer-Fenster« auf den Pariser Platz und Unter den Linden. Er beobachtete Pferde, Hunde, Busse, Polizisten und den Verkehr im Allgemeinen, den er für schnell hielt (»nichts Vergleichbares außer in London«), und machte Notizen. »All die kolossalen Kutschen sind draußen«, schrieb er am 10. Februar, als zwei kaiserliche Kutschen den »mittleren Bogen des Brandenburger Tores« passierten. Die Leute auf der Straße nahmen ihre Hüte ab, doch des »Kaisers Kutschen & Livrees sind weniger protzig als die vieler Adliger«. Kurz danach sah er den König und die Königin von Württemberg am Brandenburger Tor. »Zwei Reihen Soldaten stellten sich entlang des Heiligen Landes auf – sie riefen ›Er kommt!‹« Twain fügte hinzu: »Für eine Weile wäre ich gerne der Kaiser.«

Twain beschwerte sich immer wieder, dass er es leid sei, im Bett zu liegen – vor allem, nachdem sich der Rheumatismus auch noch in seinem rechten Fuß bemerkbar machte. Am 14. Februar rief Professor von Helmholtz an. Telefone waren damals noch nicht sehr verbreitet, aber vornehme Hotels waren damit ausgestattet.

Immerhin hatte er genug Zeit, Bücher und Zeitungen zu studieren, »im Zustand des aufgeregten Unverständnisses«, wie er schrieb. Er befand, dass »die Hofnachrichten in einer deutschen Zeitung Platz unter einer Spielkarte fänden. In einer englischen Zeitung nimmt jede Bewegung des Adels dreimal so viel Raum ein. In den Zeitungen der französischen Republik sechs bis sechzehn Mal so viel.« Auch hielt er die deutschen Zeitungen für geschmacklos, schlampig und hässlich – noch »schlimmer als die französischen«, während er die Blätter in London und New York »sauber und schön« fand.

Die Lektüre half ihm, politisch auf dem Laufenden zu sein. Er begann, sich für die Reichstagsdebatte zum »Öffentlichen Militärgericht« zu interessieren, das er einen »Zirkus« nannte. Es ging darum, ob Militär-Tribunale vor Publikum abgehalten werden sollten. Aber es gelang ihm nie, durchzusteigen. »Ich las alles über die Debatte mit nie nachlassendem Interesse, und mit einem Mal konfrontieren die mich vor ein paar Tagen mit einer Abstimmung & es ging irgendwie 100 zu 143 aus, aber ich konnte einfach nicht rauszukriegen, wofür.« Daraufhin wandte er sich dem »Schulgesetzentwurf« zu. »Keine Ahnung, worum es beim Schulgesetzentwurf geht, aber ich bin sehr gespannt und sorge mich darum, als gehe es um mein eigenes Kind. Mein Leben kreist jetzt um den Sch-E; es ist mein täglich Brot. Ich hätte das Thema für nichts in der Welt aufgegeben.«

Twain wusste wahrscheinlich sehr wohl, wovon die Rede war. Nicht nur besuchte Jean in Berlin eine öffentliche Schu-

Kaiser Wilhelm II. beim Ausritt in Berlins Mitte.

le, auch war sein Bekannter Karl Heinrich von Boetticher in den Gesetzentwurf involviert. Der Schulgesetzentwurf würde den großen Kirchen, hauptsächlich den Katholiken, Einfluss auf den Lehrplan in Grundschulen verschaffen. Das Gesetz war ein Zugeständnis des Kaisers an seinen Kanzler, Leo von Caprivi, es sollte das im Reichstag vertretene katholische Zentrum und die Konservativen besänftigen. Die Liberalen allerdings protestierten, weil sie es für zu kirchenfreundlich hielten. Und ganz bestimmt mochte Twain den Entwurf auch nicht, war er doch gegenüber der Kirche eher skeptisch eingestellt, wenn nicht sogar ein ausgesprochener Atheist. Während er über den Schulgesetzentwurf nachdachte, schrieb er, Deutschland erkenne zwei Sekten an, »Katholiken & Lutheraner (welche sich voneinander so sehr zu unterscheiden scheinen, wie ein rothaariger Mann von einem mit rotbraunem Schopf). Sie beide erhalten staatliche Unterstützung & ihre Schulen erhalten staatliche Unterstützung. Andere Sekten

Mark Twain pflegte gerne im Bett zu schreiben.

werden besteuert, um diese Sekten & Schulen zu unterstützen & sie müssen ihre eigenen Kirchen & Schulen auf eigene Kosten betreiben. Das ist schändlich.« Twain war von Caprivi ohnehin nicht besonders beeindruckt (der Kaiser sollte ihn zwei Jahre später entlassen). Einmal notierte er: »Scheint wütend, wenn er laut spricht – anders als ich.«

Twain beschäftigte sich noch mit einem anderen Ereignis: Der Prozess gegen den *Kladderadatsch*, eine satirische Wochenzeitschrift aus Berlin, die 1848 von David Kalisch, einem liberalen deutsch-jüdischen Humoristen gegründet worden war. Der *Kladderadatsch* war für seine Karikaturen preußischer Politiker bekannt. 1891 wurde das Blatt wegen Verunglimpfung verklagt, weil es den Heiligen Rock von Trier – eine Tunika, die Jesus der Legende nach vor seiner Kreuzigung trug – einen Schwindel genannt hatte. Der Rock gilt als die kostbarste Reliquie im Dom der alten Römerstadt Trier. Aber der *Kladderadatsch* wurde zu Twains Erleichterung freigesprochen: »Als ob dort echte Reliquien wären – oder überhaupt je gegeben hätte.«

Er machte sich auch Gedanken über sein bereits erwähntes Buch *Recent European Glimpses* (ihm war immer noch kein besserer Titel eingefallen). Er bat Frederick Hall um Aufschub, aber er versprach, das Manuskript »im nächsten Sommer« zu liefern. Damit meinte er wohl 1893. Er wollte dazu die sechs von McClure bestellten Reisebriefe sammeln, aber bislang war er mit denen noch nicht zufrieden. »Von den fünf bereits veröffentlichten mag ich nur drei – & auch von denen nicht alles«, schrieb er seinem britischen Verleger Chatto & Windus. Er plane zudem, weitere Kapitel hinzuzufügen. *Recent European Glimpses* wurde freilich nie verwirklicht; auch das Buch über Berlin nicht, trotz der vielen Berliner, die danach gefragt hatten, angefangen mit Max Horwitz.

Endlich, nach dreißig Tagen auf dem Krankenlager, durfte Twain aufstehen. Das Dinner mit dem Kaiser im Haus der von Versens in der Mauerstraße 36 um die Ecke vom Hotel Royal stand bevor. Es war am 20. Februar, nur gut zwei Wochen, bevor die Familie Abschied von Berlin nehmen sollte. Twain hatte vor dieser Begegnung ein paar Gedanken notiert: »An diesem Tag werden der kaiserliche Löwe und das demokratische Lamm sich gegenübersitzen, und ein kleiner General wird sie füttern« (mit dem kleinen General war Maximilian von Versen gemeint, der eher klein und schmächtig war). Die Einladung kam »graviert auf einer Karte so groß wie ein Atlas«, und sie versetzte Twain in Schrecken, der darin verlangten Kleiderordnung wegen, die Frack und schwarze Krawatte ausdrücklich erwünschte. Seine jüngste Tochter Jean, die den Kaiser bewunderte, war noch beeindruckter. »Ich wünschte, ich würde in Papas Kleidern stecken«, sagte sie, nachdem sie von der Einladung erfahren hatte, und nach kurzer Überlegung fügte sie hinzu: »Aber das würde nichts nutzen. Ich schätze, der Kaiser würde mich gar nicht erkennen.« Später sagte sie zu ihm: »Papa, wenn das so weitergeht, wird keiner mehr übrig sein, den du noch kennenlernen könntest – außer Gott.« (Jean soll das allerdings auch schon gesagt haben, nachdem ihr Vater Poultney Bigelow getroffen hatte.)

Am Abend vor dem Dinner wurde Twain von Rudolf Lindau instruiert, der ihm riet, genau darauf zu achten, mit wem der Kaiser sprach und wie lange – das sei eine gute Methode, den Rang der Gäste einzuschätzen. »In Berlin, wie im Rom der Kaiserzeit, ist der Kaiser die Sonne«, erklärte Lindau. Der Kaiser werde alle Gäste adressieren, und jedes Gespräch, das länger als fünf Minuten dauere, beweise, dass der Gast besondere Gunst genießt. Dieses »kaiserliche Thermometer« war für Lindau wichtig. Er war seit dreißig Jahren im Dienst, und er hatte nie länger als zwei Wochen Urlaub gehabt, wie Twain Paine erzählte. Folglich »war er durch und durch erschöpft, bis auf die Knochen und ins Mark, und er sehnte sich nach einer Auszeit von drei Monaten«. Solch ein Verlangen aber war unstatthaft; von einem höheren Beamten wurde erwartet, dass er seinen Abschied nahm und sich dann auf ein Sabbatjahr herunterhandeln ließ.

Lindau war sicher, dass Caprivi zustimmen würde, aber es war der Kaiser, der das letzte Wort hatte, und nicht der Kanzler. Während des Abends sprach der Kaiser praktisch mit jedem Gast weniger als vier Minuten – und der letzte, dem er sich zuwandte, war Lindau. Er legte seine Hand auf dessen Schulter und sprach mit ihm geschlagene sieben Minuten; also wagte Lindau, um sechs Monate Auszeit zu bitten – und sie wurden gewährt. Er erhielt danach sogar einen diplomatischen Posten in Konstantinopel, heute Istanbul, wo er nichts anderes zu tun hatte, als »ein oder zweimal im Jahr auf einem der spektakulären Empfänge der Botschaft aufzutauchen«, schrieb Twain.

Lindau und Twain waren nicht die einzigen Gäste bei den von Versens. Der Bruder des Kaisers, Prinz Heinrich, war zugegen (oder Henry, wie ihn die Amerikaner nannten), zudem Prinz Hugo von Radolin, ein Diplomat am kaiserlichen Hof mit polnischen Wurzeln, und noch einige andere Mitglieder der kaiserlichen Familie sowie hochrangige Offiziere und Beamte, darunter Fritz von Rottenburg vom Auswärtigen Amt und natürlich Lindau. Insgesamt saßen vierzehn Gäste am Tisch.

Der Kaiser sprach nicht nur fließend englisch, »makellos«, wie Twain hervorhob. Schließlich war er ein Enkel von Königin Victoria von England, die er als Fünfjähriger einmal mit »Hello, old duck«, begrüßt hatte. Er war auch ein großer Fan von Twains Werk, vor allem von dessen Geschichte über Heidelberg aus *Bummel durch Europa* und von dem Buch *Leben auf dem Mississippi*. Twain fand die Begegnung interessant, obwohl er es nicht gewohnt war, nicht im Mittelpunkt der Unterhaltung zu stehen, und stattdessen die meiste Zeit dem Kaiser zuhören musste. Tatsächlich hatte er sich zuvor selbst ermahnt, dass der »Kaiser Gastgeber war, insofern auch gemäß meiner eigenen Regeln das Recht hatte, das Gespräch zu übernehmen, und es war meine ehrenhafte Pflicht, mich nicht einzumischen, zu unterbrechen, es sei denn, auf Aufforderung«. Und so geschah es.

Gleichwohl hatte Twain danach das ausgeprägte Gefühl, dass der Abend mit einem Missklang geendet hatte, wenngleich er nicht genau wusste, warum. In seinen Erinnerungen erklärte er das so: Der Kaiser hatte das amerikanische System der militärischen Pensionen sehr gelobt, aber Twain war ganz anderer Ansicht. »Anfangs war die Großzügigkeit unserer Regierung gegenüber ihren Soldaten von lauteren Gedanken geleitet, sie war lobenswert, weil die Altersbezüge Soldaten zukamen, die sie verdient hatten, Soldaten, die im Krieg invalide geworden waren und die nun nicht länger den Unterhalt für sich und ihre Familien verdienen konnten«, erklärte Twain. Aber das habe sich geändert. »Die Pensionen, die später verfügt wurden, lassen diese reinen Motive vermissen, sie sind mehr und mehr zu einem wachsenden System des Stimmenkaufs ausgeartet und sind inzwischen gar eine Quelle der Korruption geworden, recht unerfreulich, je mehr man darüber nachdenkt, und nebenbei auch eine Gefahr.«

Der Kaiser war gegenüber dem Schriftsteller ziemlich einsilbig geworden, nachdem dieser seine Meinung vorgebracht hatte. »Ich erinnere mich deutlich, welche Wirkung mein Auftritt hatte – der Kaiser hielt sich nämlich danach mit Bemerkungen an mich sehr zurück, und nicht bloß während der letzten Minuten unseres Abendessens, sondern auch danach«, schrieb Twain. Nach dem Essen zog sich die Gesellschaft zum Rauchen in den Keller des Hauses der von Versens zurück, wo »bis Mitternacht Zigarren, Bier und Anekdoten gereicht wurden«. Der Raum, »Tunnel« genannt, war »im Stil des alten Potsdam« dekoriert, angelehnt an das Tabakkollegium des Soldatenkönigs Friedrich Wilhelm I. Um Mitternacht verabschiedete sich der Kaiser per Handschlag. »Ich bin sicher, des Kaisers ›Gute Nacht‹ waren die einzigen Worte, die er in der ganzen Zeit noch an mich richtete«, so Twain in seinen Memoiren.

Da Twain in den folgenden Wochen noch von zwei preußischen Prinzessinnen zum Frühstück eingeladen wurde, kann er sich eigentlich nicht so schlecht benommen haben. Und Kaiser Wilhelm selbst hatte eine ganz andere Erinnerung an den Abend – er beschwerte sich, dass der Autor viel zu still gewesen sei. Wilhelm II. sollte in seinen eigenen Memoiren schreiben, dass Twain ein gutes Beispiel dafür sei, dass Humoristen im wahren Leben oft unlustig seien und sich ganz anders verhielten als in ihren Büchern. Aber wenn der Kaiser Twain wirklich für langweilig hielt, dann war das ein Missverständnis. Nicht nur hatte Twain an dem Abend versucht, sich zurückzuhalten, er war auch sonst zwar gerne scharf und spöttisch, schätzte die komische Übertreibung. Doch er war alles andere als ein Clown, der ständig Witze riss. Twain veröffentlichte nie etwas über seine Begegnung mit dem Kaiser, und seine Notizen darüber durften – so hatte er es angeordnet – erst nach seinem Tod veröffentlicht werden.

Deutschlands beispielloser wirtschaftlicher Aufschwung sollte noch bis 1914 anhalten. Doch neben dem Reichtum gab es auch ungeheure Armut. Die *Börsen-Zeitung* schrieb im November 1891, dass es in Berlin mehr als 22 000 Obdachlose gebe. Manche Arme konnten sich nicht einmal die billigsten Hinterhofquartiere leisten. Die Zahl der Arbeitslosen stieg auf 70 000. Vor allem unter den Sozialdemokraten und Liberalen wuchs die Unzufriedenheit mit dem Kaiser, Caprivi und deren restaurativen Kurs. Das Schulgesetz, über das Twain sich lustig gemacht hatte, galt als der letzte Beleg seiner erzkonservativen Gesinnung. Um dem die Krone aufzusetzen, hatte der Kaiser am 24. Februar 1892 in einer Rede schwadroniert, dass jeder, der mit der Regierung unzufrieden sei, »sich den deutschen Sand aus den Schuhen schütteln soll & gehen«, notierte Twain.

Und so versammelten sich am Tag nach dieser Rede Zehntausende Berliner zu einer Demonstration Unter den Linden, Arme und Obdachlose, aber auch erboste Liberale und Sozialisten. Die Demo setzte sich in Richtung Stadtschloss in Bewegung, vorbei am Hotel Royal. »Die Rede hat für große Aufregung gesorgt«, schrieb Twain in sein Tagebuch. »Das & das abscheuliche (vorgeschlagene) Schulgesetz & der Mangel an Brot & Arbeit führten dazu, dass sich gestern ein arbeitsloser Mob vor dem Schloss versammelte. Sie riefen revolutionäre Parolen. Brot wurde unter ihnen verteilt, aber sie warfen es weg.« Die Unruhen hielten tagelang an. »Massen von Proletariern trieben heute auf dem Heiligen Land auf und ab. Aber der Kaiser machte wie gewöhnlich seinen Ausritt & nach ihm sah ich alle Kutschen des Hofes volle Kraft voraus folgen – offensichtlich sind alle Damen des Hofes & all

Das Berliner Stadtschloss an der Spree, am Ende von Unter den Linden. Es wurde im Zweiten Weltkrieg zerstört, die DDR ließ die Ruine abreißen.

ihre Kinder draußen, um klarzustellen, dass sie keine Angst haben.«

Jean sah die Demonstrationen auch. »Für einige Tage war ein widerspenstiger Pöbel unterwegs, der nach Brot schreiend durch die Straßen zog, und als es ihnen gegeben wurde, warfen sie es weg«, schrieb sie in ihrem Tagebuch. »Sie schubsten einen Polizisten vom Pferd. Die Soldaten und Polizisten waren etwas zu viel für sie.« In Jeans Schule war es den Kindern verboten, über den Aufstand zu sprechen, wie Twain notierte, »aber sie sagten ihr, sie würden vor dem Schultor darüber reden«.

Zwei Tage später war Twain zu Gast bei einem festlichen Abendessen im Hause von Coleman, dem Sekretär der amerikanischen Botschaft, an dem auch Rottenburg teilnahm, die von Versens und Adolf Wermuth. Wermuth, der später Bürgermeister von Berlin wurde, war der Bevollmächtigte

Die freigelegte Schlossruine. Die Keller wurden exkaviert, als mit dem Neubau des Schlosses begonnen wurde. Das Tor im Hintergrund ist noch original.

der deutschen Regierung für die Weltausstellung in Chicago 1893 (dort wurde Wermuth auch der ständige Begleiter von Bertha Palmer, der Frau von Potter Palmer, dem reichsten Mann von Chicago). Die Verbindungen zwischen Berlin und Chicago waren damals eng; so hatte eine Berliner Delegation den Schlachthof von Chicago inspiziert, weil Berlin plante, den Zentralen Schlachthof in Prenzlauer Berg auszubauen. Twain bemerkte, dass er diesmal eine schwarze Krawatte trug, während alle anderen eine weiße umgelegt hatten (»So ein Pech!«). Aber während dieses Essens erwähnte er die Demonstration nicht, auch nicht in seinen Reisebriefen, nur kurz in seinem Tagebuch. Entweder hielt er das Ereignis für nicht besonders wichtig oder der Kaiser hatte ihn zu sehr beeindruckt.

Es gibt noch einen prominenten Augenzeugen dieses Aufruhrs: Heinrich Mann, der Bruder des Nobelpreisträgers Thomas Mann. Heinrich Mann ist weltberühmt für den *Blauen Engel*, jenes Buch, das mit Marlene Dietrich in ihrer ersten großen Rolle verfilmt wurde. Aber damals war er noch Student an der Friedrich-Wilhelms-Universität Unter den Linden. Mann schilderte den Aufruhr in seinem Buch *Der Untertan* aus der Sicht seines kleinbürgerlichen Protagonisten Diederich Hessling. »Hessling war in diesen nasskalten Februartagen des Jahres 1892 viel auf der Straße«, schrieb Mann. Dann bemerkt er, dass Unter den Linden etwas vor sich geht. »Die Arbeitslosen!« Sie erreichen die Linden: »Sie kamen von Norden her, in kleinen Abteilungen und im langsamen Marschtritt.« An den Einmündungen der Seitenstraßen erwarten berittene Polizisten den Zug. »Ein Pferd mit einem schreienden Schutzmann trieb sie weiter, hinüber oder bis zur nächsten Ecke – aber schon standen sie wieder, und die Welt schien versunken zwischen diesen breiten hohlen Gesichtern, die fahler Abend beschien.« Demonstranten werden in Seitenstraßen getrieben, doch aus der nächsten kommen sie wieder hervor, vereinigen sich mit dem Zug auf dem Boulevard und kommen schließlich am Schloss an. »Der Wagenverkehr stockte, die Fußgänger stauten sich, mit hineingezogen in die langsame Überschwemmung, worin der Platz ertrank, in dies trübe und missfarbene Meer der Armen, das zäh dahinrollte, dumpfe Laute heraufwälzte und wie Maste untergegangener Schiffe die Stangen mit den Bannern hinaufreckte: ›Brot! Arbeit!‹ Anschwellend über die Menge hinrollend wie aus einer Gewitterwolke.«

Doch dann gehen die berittenen Polizisten zur Attacke über, die Menge stiebt auseinander, Hessling hört das Klirren der eingedrückten Scheibe eines vornehmen Cafés, wird selbst hineingedrückt, zwischen die umgeworfenen Tische, die Mitte der Straße liegt plötzlich frei, »gesäubert, wie für einen Triumphzug. Da sagt jemand: Das ist doch Wilhelm!« Tatsächlich hat der Kaiser sein Schloss verlassen, zeigt sich nun hoch zu Ross dem Volk. Bürgerlich gekleidete Schaulustige, unter ihnen Hessling selbst, sind erleichtert, die Revolution ist zu Ende, der Kaiser hat die Zügel in der Hand. »Angst kennt er nicht«, ruft ein älterer Herr, »Kinder, dies ist ein historischer Moment.« Und während des Kaisers loyale Untertanen ihm zuwinken, ihn hoch leben lassen, reitet Wilhelm auf seinem Pferd durch das Brandenburger Tor und lässt die Armen und die Arbeitslosen zurück.

~

Im März 1892 verließen Twain und Olivia auf Anraten ihrer Ärzte Berlin, begleitet von Susy und Jean. Sie steuerten das wärmere Klima Südfrankreichs an, Menton, und danach Wien. Nur Clara blieb für ihr Musikstudium. Erstaunlich, dass ihr Vater das erlaubte, wenn man ihre Auseinandersetzung über die Vorliebe Claras für schneidige junge Offiziere bedenkt (und umgekehrt).

Twain kehrte noch einmal nach Berlin zurück, am 28. Juni 1892, aber nur für ein paar Tage. Clara holte ihn vom Bahnhof ab, zusammen mit Mary Willard, ihrer Lehrerin, und dem Sekretär Jackson von der Botschaft, bei dem Twain unterkam. Er nutzte die Gelegenheit, all seine Freunde und Bekannten zu treffen. Am nächsten Tag frühstückte er mit Marian Phelps, zu Mittag aß er mit Clara bei Mary Willard. Später schaute er bei der amerikanischen Botschaft im Kaiserhof vorbei und plauderte mit Sekretär Coleman. Am Abend stattete er den von Versens in der Mauerstraße einen Besuch ab, ließ eine Visitenkarte für den Britischen Botschafter zurück und traf sich danach mit Jackson. Er versprach so gut wie jedem, einschließlich Phelps, Lindau und sogar Mommsen, ein Exemplar seines halb-pornographischen Buches *1601*, das in Tudor-England spielt und unter einem Pseudonym veröffentlicht worden war, aber vermutlich schickte er es nie. »Berlin

Twains Berlin findet sich noch in vielen Namen überall in der Stadt wieder: Rudolf-Virchow-Krankenhaus, Mommsenstraße, Bismarckstraße – auch eine U-Bahn-Station –, der Hochbahnhof Mendelssohn-Bartholdy-Park, die Apotheke am Helmholtzplatz und die Schopenhauerstraße (in Potsdam).

ist eine wunderbare Stadt & seine Regierung ein Vorbild«, lautete einer seiner letzten Einträge über die Stadt. Und er machte sogar seinen Frieden mit der Goldelse: »Die Siegessäule ist nur von hinten so dürftig«, schrieb er.

Im Sommer 1893 kehrte er noch ein zweites Mal zurück, diesmal für eine Lesung. Ein paar Monate später traf er in Wien eine Hohenzollernprinzessin, vermutlich Charlotte von Preußen, die jüngere Schwester von Wilhelm II. Bevor sie Bernhard von Sachsen-Meiningen heiratete, hatte sie in Berlin als leichtlebige Skandal-Prinzessin gegolten. Sie überbrachte Twain die Nachricht vom Tod von Maximilian von Versen. Sie wusste von dem Abendessen, zu dem Twain mit Kaiser Wilhelm eingeladen war. Während ihres Gesprächs vertrat die Prinzessin derart eifrig eine anti-klerikale Haltung, dass Twain sie ermahnte: »Sie sollten nicht solch eine Meinung vertreten, die ist eher angemessen für unsereins.« Damals arbeitete Twain an einem Buch über Johanna von Orléans, die mittelalterliche Revolutionärin, die auf Betreiben der Engländer und der Kirche auf dem Scheiterhaufen endete. Die Prinzessin bat ihn, er möge ihr das Buch schicken, sobald es erscheine, was er auch tat.

Aber auch Jeanne D'Arc konnte Twain nicht vor der Pleite retten. Im folgenden Jahr, mit sechzig, verlor er alles. Er sollte auch keinen Roman mehr schreiben, außer *Querkopf Wilson* – eine Abrechnung mit dem Rassismus in Amerika, sein letztes fiktionales Werk. Da er dringend Geld brauchte, begab er sich auf eine Welt-Tournee, die ihm 200 000 Dollar einbrachte. Damit konnte er sämtliche Schulden begleichen. Die Tour brachte ihm auch genug Material für eine Vortragsreihe, mehrere Artikel und das Reisebuch *Following the Equator*. Begleitet wurde er von Clara und Livy. Aber er zahlte einen hohen Preis: Er war nicht zugegen, als die geliebte Tochter Susy an Meningitis starb. Olivia sollte sich von diesem Schlag nicht erholen. Sie starb 1904 in Florenz. Auf ihrem Grabstein in der Familienruhestätte in Elmira, New York, ließ Twain eine Inschrift auf Deutsch eingravieren, die Sprache, mit der er sein ganzes Leben lang gerungen hatte: *Gott sei dir gnädig, O meine Wonne!* »Warum kann ich nicht mit ihr gehen«, schrieb der trauernde Ehemann einem Freund.

Einige Jahre später verlor Twain auch seine Tochter Jean, sie starb nach einem epileptischen Anfall. Nur Clara, Twains letztes überlebendes Kind, hatte als Opernsängerin Erfolg im Leben. Sie heiratete aber keinen schneidigen Offizier, sondern den namhaften Pianisten Ossip Gabrilowitsch. Die beiden hatten sich 1899 in Wien kennengelernt, beide hatten dort Musik studiert. Später lebte Clara mit ihrem Mann für eine Konzertsaison in der deutschen Hauptstadt. »Sie haben sich in Berlin niedergelassen«, erzählte Twain 1909 der *New York Times* – sicherlich nicht in der Körnerstraße. Clara erlebte auch ein versöhnliches Wiedersehen mit ihrem früheren Klavierlehrer Moritz Moszkowski. Als Moszkowski später in Paris starb, vollkommen verarmt, organisierte Gabrilowitsch sogar ein Benefiz-Konzert, um dessen Beerdigung zu bezahlen.

Berlin sollte einen Platz in Twains Herzen behalten. Er blieb in Kontakt mit Lindau, der nach seiner Pensionierung nach Helgoland zog. 1902 schrieb ihm Twain in einem Brief, er wünschte, Helgoland würde im Staat New York liegen, wo sich die Familie nun niedergelassen hatte. Im selben Jahr wurde er noch einmal an sein Berlin-Abenteuer erinnert, als er Prinz Heinrich, den Bruder des Kaisers, auf einem Bankett in Manhattan traf. Nach Bigelow Paine war der Bürgermeister von New York Gastgeber des Banketts. Twain hingegen schrieb in seinen Notizen, dass das Bankett von Hermann Ridder ausgerichtet wurde, dem Verleger der *Staats-Zeitung*, damals eine der größten deutschsprachigen Zeitungen der USA. Vic Fischer von den Mark Twain Papers sagt dazu, dass es in diesem Februar zwei Dinner in New York gegeben habe, an denen Prinz Heinrich teilnahm, also könnten beide recht haben. Twain war nicht gebeten worden, zu reden, was ungewöhnlich war. Der Autor argwöhnte, dass der Prinz immer noch wegen des »Verstoßes gegen die Etikette« beim Dinner in Berlin schmollte und seinen Namen deshalb »mit einem Bleistift ausgekreuzt hatte«. Prinz Heinrich allerdings unterhielt sich an diesem Abend mit ihm »herzlich und menschlich zuvorkommend, und das über einen beachtlichen Zeitraum«, wie Twain selbst notierte.

Fünf Jahre später traf Twain in New York einen amerikanischen Beamten, der Mitglied einer Delegation war, die in Berlin über ein lange strittiges Zollabkommen verhandelt hatte. Er überbrachte Twain eine Botschaft von Wilhelm II.: »Richten Sie Mr. Twain meine herzlichsten Grüße aus. Fragen Sie ihn, ob er sich an unser Essen erinnert, und fragen Sie ihn, warum er so wortkarg war.« Daraufhin beklagte Twain sich: »Warum, wie konnte ich reden, während er redete! Er hielt das As, wie die Pokergemeinde sagt, und wenn zwei gleichzeitig reden, kommt nichts Gutes dabei raus [...] Wenn ich nicht zu alt zum Reisen wäre, würde ich nach Berlin fahren [...] Ich würde sagen, ›Ihro Majestät, laden Sie mich wieder ein, geben Sie mir eine Chance‹; dann würde ich alle Standesschranken außer acht lassen, und das Reden selbst übernehmen.«

Twain blieb lange an deutscher Politik interessiert. Am 8. April 1907 lud Hermann Ridder in den Manhattan Club im Madison Square Garden ein; zu einem Abendessen für Charlemagne Tower, den amerikanischen Botschafter in Deutschland. Er wollte den Fortschritt bei den besagten Zollverhandlungen feiern. Twain war zugegen, auch viel deutschamerikanische Prominenz wie Carl Schurz, Felix Warburg, Jakob Schiff, Peter Cooper Hewitt und Ralf Pulitzer. Zwei Tage später gratulierte Twain in einem Brief der »Sehr geehrten Exzellenz« – wahrscheinlich Tower – zu seiner »höchst bewundernswerten Rede«, und empfahl ihm einen »jungen

Gentleman«, Robert Haven Schauffler. »Er wird Ihnen seine ›Jahrhundert-Mission‹ für das *Vaterland* erklären – eine Angelegenheit, die für beide interessant & wertvoll zu sein verspricht, für Deutschland & Amerika.« Schauffler, der in Berlin studiert hatte, schrieb für das Literaturmagazin *Century*. Später wurde er als Dichter und Musiker berühmt. Aber was immer seine Mission war, von ihr war nie wieder die Rede.

Twains letzter Wunsch wurde am 21. April 1910 erhört. In der Nacht vor seinem Tod wurde der Halleysche Komet gesichtet, wie damals vor fünfundsiebzig Jahren bei seiner Geburt.

Von Twains Berlin ist heute nur noch sehr wenig übrig. Nicht nur das Haus in der Körnerstraße 7 ist verschwunden; auch das Hotel Royal, das Hotel Bristol und der Kaiserhof, ebenso wie das Englische Haus in der Mohrenstraße, das YMCA in der Wilhelmstraße, das alte Hotel de Rome, der Wohnsitz der von Versens in der Mauerstraße und Lindaus Wohnung in der Sigismundstraße. Das Stadtschloss des Kaisers wurde im Zweiten Weltkrieg zerstört, die Ruinen auf Veranlassung der DDR-Führung 1950 gesprengt, doch das entsteht nun wieder (auch die Königliche Bibliothek wurde nach dem Krieg rekonstruiert). Sogar die Amerikanische Kirche am Nollendorfplatz fiel alliierten Bomben zum Opfer.

Nur das Brandenburger Tor blieb erhalten. Auch eine amerikanische Gemeinde gibt es noch in Berlin, und sie versammelt sich immer noch in Schöneberg, in einer neogotischen ziegelroten Backsteinkirche mit hoch aufragendem Turm am Bülowbogen, nur ein paar hundert Meter von Twains erster Wohnung entfernt. Auch Nachkommen der von Versens leben noch in der Stadt: Miriam von Versen betreibt in der Auguststraße 85 ein Schmuckgeschäft, nicht weit entfernt von der

Miriam von Versen in ihrer Galerie Froschhammer & Rosenvogel in der Auguststraße in Berlin-Mitte. Sie ist eine entfernte Verwandte von General von Versen.

Residenz in der Mauerstraße, in der Twains Cousine Alice mit ihrem Mann wohnte und wo der Schriftsteller mit dem Kaiser zu Abend aß. Miriams Ur-Ur-Großvater war der Bruder von Maximilian von Versen, Mark Twains »kleinem General«. Und so geht das Leben weiter.

Geschichten von Mark Twain

ins Deutsche übertragen
von Horst Fugger

Wie man in Berlin eine Wohnung mietet

Gegen Ende des Sommers kam ich an, um mir ein Haus für den Winter zu besorgen. Man hatte mich hergeschickt – zumindest teilweise. Das heißt, man hatte mir erzählt, dass man sich in Berlin eine leere Unterkunft sucht und das nötige Mobiliar dazu jahresweise anmietet. Ich hätte zu unserem Generalkonsul oder zu unserem Botschafter gehen und viele sinnvolle Fragen stellen sollen. Aber das wäre nicht die amerikanische Art gewesen, und daher tat ich es nicht. Wie Sie alle wissen ist es die amerikanische Art, ganz allein drauflos zu marschieren und niemanden um Hilfe zu bitten.

Ich erzählte einem Bekannten von meinem Vorhaben, und er war sehr entgegenkommend. Er riet mir, zu Herrn P. in der Krausenstraße zu gehen und mich ihm anzuvertrauen – er würde wie eine Mutter für mich sein. Ich ging zu meiner neuen Mutter, und er war die Liebenswürdigkeit in Person. Ein gutaussehender Mann; kein alter, noch nicht einmal ein älterer Mann. Er hatte sehr angenehme, geradezu seidenweiche Umgangsformen und sprach gut Englisch.

»Wünschen Sie eine teure Wohnung?«

Eine Wohnung. Zum besseren Verständnis für den Leser: Eine Wohnung ist eine Unterkunft und die in Berlin übliche Bezeichnung für ein Apartment.

»Ich möchte etwas Ruhiges – das ist mir am wichtigsten.«

»Haben Sie vor, sich in Gesellschaft zu begeben?«

»Ich? Oh nein. Ich kenne niemanden in Berlin. Ich denke,

mir genügt die Gesellschaft, die ich von meinem Fenster aus sehe.«

Er dachte einen Moment nach und sagte dann:

»Wie wäre es mit einer Wohnung, von der aus Sie jeden Tag die beste Gesellschaft Berlins sehen können – die erhabenste Gesellschaft der Stadt außerhalb des kaiserlichen Palasts?

Seine Augen glänzten und seine Stimme war voller Emotionen. Ich ließ mich anstecken und sagte beeindruckt:

»Meinen Sie etwa den Adel?«

Er nickte mehrmals mit dem Kopf, das Ausmaß seiner Zustimmung konnte er mit Worten nicht beschreiben. Wir reichten einander still die Hand und das Händeschütteln wollte gar nicht mehr aufhören. Als er seine Stimme wiedergefunden hatte, sagte er: »Sie werden mitten unter ihnen leben. Deren Anblick wird für Sie so alltäglich sein wie der von Gänseblümchen auf der Wiese. Versprechen Sie sich dieses Glück, denn Sie werden es erleben.«

Tränen standen in seinen Augen, und ich konnte nur noch undeutlich sehen, weil auch in meinen Augen Feuchtigkeit aufstieg. Er rief seinen Assistenten und schickte uns auf unsere Suche. Wir besichtigten einige sehr schöne Wohnungen in attraktiver Lage. Einige lagen an der großen und prächtigen Potsdamer Straße, andere am Ufer eines hübschen Kanals mit schattigen Bäumen und schöner Aussicht auf das wogende Wasser und Brücken. Aber der Assistent fand immer ein Haar in der Suppe.

»Die Gegend ist zu kommerziell – sie riecht nach Handel.«

»Diese Lokalität entspricht nicht unseren Anforderungen – es gibt hier keinen Adel. Die Aristokraten meiden diesen Bezirk.«

Diese Urteile schmerzten mich jedes Mal, denn ich fand die Wohnungen sehr reizvoll; einige von ihnen schienen mir sogar die schönsten in dieser schönen Stadt zu sein. Schließlich fand der Assistent aber eine Straße und ein Haus, die sogar seinem verwöhnten Geschmack entsprachen. Er schien sehr bewegt und sagte ebenso leise wie liebevoll:

»Ah, Körnerstraße, Körnerstraße, warum habe ich daran nicht gedacht! Ein Ort für die Götter, lieber Herr. Ruhig? Achten Sie darauf, wie still es hier ist. Und denken Sie daran, dass gerade Mittagszeit ist – Mittagszeit! Die Straße ist nur einen Block lang, wissen Sie – ein süßes kleines Nest, verborgen im Herzen der großen Metropole. Die rastlosen Massen in den Ausfallstraßen links und rechts davon bemerken gar nicht, dass es diese Straße und die gesegnete Ruhe darin gibt. Und … «

»Aber sie riecht nicht besonders gut, finden Sie nicht auch?«

»Dieser Geruch? Der kommt nicht von hier – diese Straße kann nichts dafür –, er kommt von den anderen Straßen.«

»Ich verstehe trotzdem nicht. Der Geruch riecht doch ungefähr genauso, wie wenn er der eigene Geruch dieser Straße wäre statt eines Geruchs, für den wahrscheinlich diese anderen Straßen verantwortlich sind.«

»Nein, das sehen Sie falsch, ganz falsch.«

»Und außerdem – dieses Haus ist schön, aber die anderen gefallen mir nicht besonders.«

»Sieh einer an! Ist Ihnen das aufgefallen? Das ist nur eine Vorliebe der Adeligen. Was sie wollen …«

»Der Adeligen? Wohnen sie in …«

»In dieser Straße? Das ist gut – wirklich sehr gut. Ich wünschte der Herzog von Sassafras-Hagenstein könnte das hören. Als er in diese Straße zog.«

»Er wohnt hier?«

»Er? Das will ich meinen! Sehen Sie das große, einfache Haus da vorn mit dem Plakat am Fenster im zweiten Stockwerk? Das ist sein Haus.«

»Das Plakat, auf dem steht ›Möblierte Zimmer zu vermieten‹? Nimmt er Pensionsgäste auf?«

»Was für ein Einfall! Er? Mit Mieteinkünften von 1 200 000 Mark im Jahr. Nein, der Witz ist einfach zu gut.«

Der Assistent packte mich am Knopfloch und sagte mit leichtem Strahlen in den Augen:

»Woran, mein lieber Herr, würde jemand bemerken, dass Sie neu in Berlin sind? Nur an Ihren unschuldigen Fragen. Unsere Aristokraten – unsere alten, wirklichen und echten Aristokraten haben oft die seltsamsten und exzentrischsten Angewohnheiten. Sie werden seit Jahrhunderten vererbt, die Adeligen sind stolzer darauf als auf ihre Titel, und dieses Schild da drüben ist so eine Exzentrizität. Jeder Adelige hängt solche Plakate heraus. Und das ist durch ein ungeschriebenes Gesetz geregelt. Ein Baron darf zwei heraushängen, ein Graf fünf, ein Herzog 15.«

»Dann wohnen da drüben lauter Herzöge, nehme ich an.«

»Alles Herzöge. Und der alte Herzog von Backofenhofenschwartz – nicht der jetzige Herzog, sondern der vorherige. Er …«

»Wohnt er über dem Wurstladen da im Keller?«

»Nein, im Haus daneben. Da, wo die gelbliche Katze an der Türmatte kaut; da, wo der Kammerdiener die Leber und die Kutteln fallen gelassen hat, als er vor einer Minute gestolpert ist. Da – da drüben – sehen Sie.«

»Aber alle gelblichen Katzen kauen an Türmatten.«

»Egal. Ich kann Ihnen noch viel mehr zeigen. Lassen Sie mich mal überlegen.«

»Meinen Sie das Haus mit der flotten Werbung auf der Tafel – das Lebensmittelgeschäft mit dem Trödelladen im Keller?«

»Das daneben, das daneben! Das rechte Nebenhaus.«

»Ja, jetzt sehe ich es. Da wo der Sandhaufen liegt und der kranke Hund vor den Kohlekarren geschirrt ist.«

»Ja, das ist es, genau das ist es.«

»Ist das der Hund des Herzogs?«

»Ja, es ist ein Jagdhund.«

»Jagdhund? Dieses Tier?«

»Ja, ein Hund für die Elefantenjagd. Sehr schöner Hund, sehr gute Zucht.«

»Warum wird er vor den Kohlekarren gespannt?«

»Damit er in Übung und stark bleibt.«

»Ich glaube, das funktioniert nicht. Er ist nicht gut genährt und sieht ziemlich schlimm aus.«

»Ja, er hat noch nicht genug Übung, aber er wird sich zusammenreißen, wenn es darauf ankommt.«

»Was will der Herzog mit einem Elefantenhund in Deutschland?«

»Der Stil. Es geht nur um Stil. Alle halten diese Hunde – die Adeligen meine ich.«

»Hunde für die Rattenjagd würden gut zu dieser Gasse passen, finden Sie nicht auch?«

»Gasse! Das ist keine Gasse, es ist eine Esplanade. Und es ist die einzige in Berlin, die nach einem Dichter benannt ist.«

»Was hat er verbrochen?«

»Er? Er hat überhaupt nichts verbrochen; er hat einige der erhabensten Gedichte deutscher Sprache geschrieben. Er starb jung; er starb, kurz bevor man diese Esplanade nach ihm benannt hat.«

»Ich denke, ich habe davon gehört.«

»Ich glaube ein Grund war …«

»Da drüben hängen elf Zimmermädchen faul aus dem Fenster; am ganzen Geländer lümmeln sie sich. Ich habe noch nie so viele untätige Zimmermädchen gesehen. Ich habe noch nie so viele Frauen, egal aus welchem Beruf, gesehen, die ganz konzentriert auf gar nichts starrten.«

»Zimmermädchen – man höre sich das an! Sie sind Herzoginnen; das ist es, was sie sind. Sie hängen den ganzen Tag an diesen Fenstern herum. Oft schlafen sie sogar dabei. Manche von ihnen schlafen auch jetzt – die meisten von ihnen. Sie tanzen die ganze Nacht in den Hofsälen, dann entspannen sie sich den ganzen Tag auf diese Weise und schlafen. Die romantischsten Geschöpfe – sie würden sterben, wenn sie nicht romantisch sein könnten. Sie führen ein bezauberndes Leben, diese Herzoginnen.«

»Aber ein paar von ihnen sind wach, und was schauen sie an? Es gibt nichts zu sehen außer diesem Karren, der gerade mit Knochen, Flaschen und Asche beladen wird, den kranken Elefantenhund und die riesigen Lumpenballen, die diese zwei blassen Frauen vom Land mit Baumwollhaken aus dem Keller ziehen. Ich habe Frauen noch nie eine solche Arbeit machen sehen, aber sie machen sie gut, so traurig und erschöpft diese armen Wesen auch aussehen. Sagen Sie – sehen Sie die Kinder, die dort im Sandhaufen wühlen?

»Ja – dreiundvierzig. Ich habe sie gezählt.«

»Leben sie alle hier in diesem Block?«

»Ja, und da sind noch mehr. Dies ist ein eleganter Ort für Kinder – gesund, vornehm, fruchtbar. Dies ist die fruchtbarste Straße, die es gibt.«

»Sind sie adelig?«

»Das blaueste Blut im ganzen Königreich. Ausnahmslos, alle.«

»Diese Esplanade beginnt mir sehr zu gefallen. Unter anderem gefällt mir, dass es hier so wenige Hunde gibt.«

Der Assistent war still – so still, dass ich schon befürchtete, er sei tot. Später sollte ich bedauern, dass er nicht tot war.

Bei der Besichtigung erwies sich die Wohnung als geräumig, sauber und komfortabel; auf der Rückseite hatte man einen schönen Blick auf einen großen Garten. Wir gingen zurück ins Büro und ich mietete die Wohnung zu einem sehr vernünftigen Preis, wenn man die Gastprivilegien bedachte, die ich genießen würde. Wir setzten einen Knebelvertrag zum Schutz von Herrn P. und seinen Möbeln auf, ich zahlte im Voraus und fuhr mit dem Zug zurück nach Böhmen. Ich war sehr davon angetan, dass ich diese Angelegenheit in guter Form erledigt hatte, ohne mir vom amerikanischen Gesandten oder irgendjemand sonst helfen zu lassen.

Einen Monat später fuhren wir alle nach Berlin, um uns dort häuslich einzurichten. Die Möbel waren ziemlich schlecht und ziemlich billig, auf komische Weise prätentiös und so weiter, aber ich dachte mir, dies sei eben der Berliner Stil und war recht zufrieden und glücklich. Ehrlich gesagt konnte ich mich mit den altertümlichen Vorhängen im »Salon« nicht so recht anfreunden, weil ich mich allgemein nicht für Antiquitäten interessiere, aber ich beklagte mich nicht. Was mir an den Betten nicht gefiel, war ihre asketische Härte. Vielleicht waren sie ja ganz gut, aber sie erinnerten mich immer daran, wie es ist, auf einer Gesteinsschicht zu schlafen. Mr. P. wechselte die Matratzen mehrmals aus, aber ohne spürbares Ergebnis. Es war nur ein Wechsel von Kalkstein zu Granit, von Granit zu Splitt und brachte keine wirkliche Verbesserung. Ich zeigte ihm ein Geschäft, wo es Matratzen gab, die man nur überziehen musste und dann sofort darauf schlafen konnte, aber er meinte, er besitze keine solchen Matratzen und könne sie daher nicht empfehlen. Er schickte uns Silberbesteck, verlangte aber zusätzliches Geld dafür, denn dieses Detail war im Vertrag übersehen worden. In einem der Zimmer gab es auch einen Ofen. Immer, wenn wir darin Feuer machten, wurde er kalt und ließ den Rest des Mobiliars zu Eis erstarren.

Aber alle diese Dinge waren nicht besonders wichtig und wir lebten angenehm dahin. Ich wartete schon mit einer gewissen Ungeduld darauf, meiner Familie den Lebensstil unserer Nachbarn zu zeigen, um sie dann staunen und jubeln zu sehen. Schließlich ergab sich die Gelegenheit, und das gab mir ein gutes Gefühl. Sie fragten:

»Was sind das für Leute da drüben?«

»Herzöge. Jeder Einzelne von ihnen.«

»Herzöge? Sehen Herzöge so aus?«

»In Berlin schon; das ist ihre Lebensart. Es sind die exzentrischsten Menschen der Welt.«

»Wer hat gesagt, dass das Herzöge sind?«

»Der Assistent von Herrn P.«

»Dann muss es wahr sein, kein Zweifel, aber sie sind eine große Enttäuschung.«

Die Tage vergingen und ich lernte wieder neue Leute kennen. Immer, wenn ich gefragt wurde, wo wir wohnten, versuchte ich den Namen der Straße mit Bescheidenheit zu nennen, aber ich konnte mir nicht helfen – ich war sichtlich stolz darauf. Und ich fühlte mich verletzt, als ich bemerkte, dass die Leute nie applaudierten; sie sahen nicht einmal neidisch und überrascht drein. Schließlich sagte einer:

»Ist es dort nicht ziemlich laut?«

»Laut? Körnerstraße?«

»Ja – nachts.«

Das stimmte. Ich hatte es mir selbst nicht eingestehen wollen, aber von diesem Moment an ging das nicht mehr. Es war dort nicht nur laut, so wie es in Städten allgemein laut ist; es war ein ganz eigener Lärm. Das soll heißen: Die Nacht bestand aus langen Phasen der Stille, die in unregelmäßigen Abständen zertrümmert wurde, weil schwere Wagen durch die Straße donnerten. Das Haus erbebte, wir waren plötzlich hellwach und zitterten. Eine halbe Stunde Schlaf, dann wieder der grausige Lärm einer schnellen Fahrt über das raue Steinpflaster. Dann dauerte es wieder eine Weile, bis ein halbes Dutzend Leute durch die kurze Straße trampelten. Dabei stießen sie laute Schreie aus, heulten, lachten und kreischten wie Wahnsinnige. Gegen Morgen – jeden Morgen – fuhr jemand durch die Straße, hielt vor jedem Haus und ließ eine durchdringend laute Klingel hören – vielleicht der Milchmann. Dann die Hunde! Aber kein Wort zu diesem Thema. Ja, es war eine laute Straße – zweifellos die lauteste auf Erden. Wir welkten unter der Qual des ständig unterbrochenen Schlafs dahin und verloren allmählich unsere gute Laune.

Im Lauf der Zeit lernten wir offenherzige Menschen kennen. Wenn sie hörten, dass wir in der Körnerstraße wohnten, starrten sie eine Weile verwirrt vor sich hin. Wieder zu Atem gekommen, keuchten sie nur eine kurze Bemerkung hervor:

»Du lieber Gott!«

Wenn man sie um eine Erklärung bat, sagten sie:

»Aber Sie wollen damit doch nicht sagen, dass Sie in dieser Straße wohnen? Wer hat Sie unschuldige Menschen dorthin verfrachtet?«

»Herr P. aus der Krausenstraße.«

»Ah – das erklärt natürlich alles.«

Mehrere – ehrlich gesagt Hunderte – Leute fragten:

»Wie viel zahlen Sie ihm?«

Und als ich es ihnen erzählte, sagten sie:

»Das Dreifache des normalen Preises! Da sind Sie aber prächtig über den Tisch gezogen worden.«

Das stimmt zwar, aber nichts daran ist besonders bemerkenswert. Herr P. ist auch nicht schlimmer als seine Kollegen in derselben Branche. Seine Möbel sind vielleicht schlechter, aber er selbst ist es nicht. Außerdem kann man sich leicht vor solchen Leuten schützen. Statt zum Freund dieses Mannes zu gehen, wie ich es getan habe, sollte der Fremde sich an die Vertretung seines Landes wenden, nach den Preisen für Wohnungen und Möbel fragen und die Sache dann rational in Angriff nehmen. Ich bin nicht der erste Ausländer, der professionellen Vermietern und Wohnungsausstattern in Berlin Gewinne und Vergnügen bereitet hat. Daher gibt es jedes Jahr viele solche traurigen Fälle. Eine lange Prozession. Und um die Wahrheit zu sagen, habe ich noch ein wenig schlechter abgeschnitten als irgendeiner von den anderen. Ich bin der Einzige, der wirklich auf dem Boden gelandet ist – in der Körnerstraße. Was Herzöge betrifft: Es gibt dort keinen einzigen.

Gedanken zum deutschen Kachelofen

AUS: »GESPRÄCHE MIT SATAN«

Ich sah Satan und seinen Schatten nur kurz aus den Augenwinkeln, und im nächsten Moment stand er schon neben mir im Zimmer. Er brachte mich nicht in Verlegenheit. Wirkliche Hoheiten tun das nicht. Sie sind sich ihrer Stellung und deren Anerkennung sicher; daher strahlen sie eine ruhige und gelassene Würde aus. Es ist das Vorrecht eines Viscounts oder eines Barons, einen Mann zu erniedrigen und das Vorrecht einer Baronesse, ihn zu vernichten.

Satan wollte mir nicht erlauben, seinen Hut aufzuhängen, vielmehr legte er ihn selbst auf den Tisch und bat mich, seinetwegen keine Umstände zu machen, sondern ihn so zu behandeln, als wäre er ein alter Freund; und er fügte hinzu, das sei er auch tatsächlich – ein alter Freund von mir und zudem einer meiner glühendsten und dankbarsten Bewunderer. Es schien mir wie ein zweifelhaftes Kompliment; aber trotzdem, es wurde in einer derart gewinnenden und liebenswürdigen Weise vorgebracht, dass ich nicht anders konnte, als mich dankbar und stolz zu fühlen. Seine Haltung und sein Benehmen waren beneidenswert gut und vornehm, und er war eine stattliche Persönlichkeit, mit zarten weißen Händen, einem intellektuellen Antlitz und mit dieser feinsinnigen Ausstrahlung von Vornehmheit, die mit blauem Blut und hoher Abstammung einhergeht, die nach Status in und ständigem Umgang mit der ausgesuchtesten Gesellschaft verlangt.

Die herkömmlichen Porträts von ihm sind nur Annäherungen, nicht mehr. Sie sind sehr ungenau. Keines davon ist zeitnah. Das jüngste ist mehr als dreihundert Jahre alt. Sie alle wurden von Mönchen verfasst, und aus dem Gedächtnis, denn die Mönche ließen sich nicht bremsen. Der Mönch war immer begeistert, und er mischte seine Begeisterung mit in die Schilderung. Und so unterlief ihm ein Irrtum, denn Satan ist eine ruhige Person; aristokratisch ruhig und im Besitz seiner selbst. Satans Gesicht ist bemerkenswert intellektuell, und gut, und ausdrucksvoll. Es suggeriert das von Don Quijote und auch das von Richelieu, aber es ist nicht so melancholisch wie der eine oder so streng wie der andere, und keines dieser großartigen Gesichter hat diese gewinnende Eigenschaft, nämlich diesen unsterblichen Charme und die Anmut von Satan.

In Deutschland ist das Sofa der Ehrenplatz und wird stets dem Gast angeboten. In Österreich ist es vielleicht ebenso; daher bot ich Satan den Platz auf dem Sofa an und sprach ihn mit den hochtrabendsten Titeln an, die mir einfielen – Durchlauschtigst und Ihro Majestät. Er aber winkte ab, sagte, er wolle keine Zeremonie, setzte sich auf einen Stuhl und sagte:

»Sie haben es hier sehr bequem. Der deutsche Ofen ist der beste des Universums.«

»Ich stimme Ihnen aus vollem Herzen zu, Durchlauscht. Dieser hier ist 3,30 Meter hoch, 1,20 Meter tief und 1,20 Meter breit. Er sieht aus wie ein Friedhofsmonument aus weißen Dachziegeln, aber das Aussehen ist sein einziger Nachteil. Um acht Uhr morgens verbrennt er in 20 Minuten einen kleinen Korb Holz, und das ist alles, was er den ganzen Tag über braucht. Dieses große Zimmer bewahrt über viele Stunden eine gleichbleibend angenehme und komfortable Wärme. Es gibt auf der ganzen Welt keine künstlich erzeugte Wärme, die so durchdringend und so gesund ist. Die Haut wird nicht heiß, der Kopf tut einem nicht weh und man bekommt kein

Dieser Kachelofen aus der napoleonischen Zeit steht in dem ältesten Berliner Restaurant Zur letzten Instanz, das in der Waisenstraße 14–16 nahe der Parochialkirche liegt. Es wurde im Jahr 1621 eröffnet.

Pochen in den Schläfen. Man hat in hundert Jahren keine Kopfschmerzen. Und der Ofen ist gut zehn Mal wirtschaftlicher als jeder andere Heizkörper der Welt.«

»Sie verwenden ihn natürlich auch in Amerika?«

Ich war angenehm überrascht und sagte:

»Ist es möglich, dass Ihro Majestät mit Amerika nicht vertraut sind?«

»Äh, nein. Ich war in letzter Zeit nicht dort. Man braucht mich dort nicht.«

Zunächst war ich erfreut, aber dann stieg in mir der Verdacht hoch, dass seine Bemerkung nicht ganz das bedeutete, was ich gedacht hatte. Daher hielt ich es für diplomatisch, nicht weiter nachzufragen, sondern die Sache auf sich beruhen zu lassen und lieber weiter über den Ofen zu sprechen.

»Nein«, sagte ich, »wir in Amerika verwenden den deutschen Ofen nicht. Wir haben den Ruf, die kreativste Nation von allen zu sein, wenn es darum geht, alle erdenklichen Annehmlichkeiten, Bequemlichkeiten, Arbeit und Geld sparende Apparate zu erfinden und praktisch anzuwenden. Wir haben diesen Ruf ehrlich verdient und sind stolz darauf. Aber wir wissen nicht, wie man ein Haus vernünftig heizt, und wahrscheinlich werden wir es auch niemals lernen. Die meisten unserer Öfen sind ungeheure Energieverschwender; man muss ständig auf sie aufpassen und Brennstoff nachlegen. Keiner von ihnen liefert beständig gleichbleibende Wärme, aber jeder sorgt für erhitzte Haut und Kopfschmerzen. Wir haben Unmengen von Geld für Heizungen mit ausgefeilten und teuren Arrangements ausgegeben, die ein Haus mit trockener Wärme, Dampf oder Warmwasser versorgen sollen, aber sie sind alle enorme Kohlefresser. Und wenn es eine gibt, deren Wärmeproduktion man zuverlässig regulieren kann, habe ich sie noch nicht gesehen. Soweit ich weiß haben wir in Amerika nur völlig verrückte Methoden, Häuser und Eisenbahnwaggons zu heizen.«

»Warum führen Sie dann nicht den deutschen Ofen ein?«

»Ich wünschte, ich könnte es. Ich könnte dem Land jedes Jahr genug Geld sparen, um diese verrückten Pensionszahlungen zu begleichen. Und wenn wir diesen bewundernswerten Ofen hätten, dann würden wir rasch eine Möglichkeit finden, ihn von seinem grimmigen und geisterhaften Aussehen zu befreien. Er wäre dann ein hübscher und angenehmer Anblick; ein Schmuckstück für das Zimmer, denn in dieser Hinsicht sind wir ein sehr fähiges Volk. Aber ich glaube, das wird nie passieren. Die Amerikaner, die hierher kommen, studieren den deutschen Ofen nicht. Sie machen sich nur über sein Aussehen lustig und fahren wieder weg, ohne zu merken, was für ein fähiges und preiswertes Wunder er ist.

Der Berliner Ofen ist der beste, den ich je gesehen habe. Als wir vor ein paar Jahren dort den Winter verbrachten, steckten wir jeden Tag um sieben Uhr morgens ein paar billige Briketts aus Kohleabfällen in unser Friedhofsmonument, ließen das Feuer eine halbe Stunde brennen, schlossen die Ofentür und rührten sie vierundzwanzig Stunden lang nicht mehr an. Den ganzen Tag bis nach Mitternacht war das Zimmer wunderbar komfortabel, nicht zu heiß und nicht zu kalt. Die Temperatur veränderte sich nicht, sondern blieb die ganze Zeit über auf demselben angenehmen Niveau. Gefällt Ihnen der deutsche Ofen, Durchlauscht?«

»Für meine Pensionsgäste nicht, nein.«

»Was verwenden Sie, Durchlauscht?«

Er nannte vierundsechzig verschiedene Öfen und Heizungen. Ach, diese vertrauten Namen – alle aus Amerika! Ich schämte mich und verspürte gleichzeitig patriotischen Stolz bei der Vorstellung, dass wir einen kleinen Beitrag dazu leisteten, die Hölle noch ein wenig unangenehmer zu machen.

Der Postdienst

Der Postservice in dieser Region wird in den höchsten Tönen gepriesen. Er ist das Werk eines einzelnen Mannes, der seit einem Vierteljahrhundert daran arbeitet. Ich selbst bin nicht in der Lage, diesen Postservice mit irgendeinem anderen außer unserem eigenen zu vergleichen, aber Engländer & Franzosen haben mir gesagt, er sei den Postdienstleistungen in ihren Ländern überlegen. Unser eigener Postservice ist gut & wir waren immer stolz darauf, aber es kommt immer wieder vor, dass ein Postminister eine Dummheit einführt, die kleinen Details des Postdiensts schadet & ihn auf seinem Weg zur Perfektion ausbremst.

Einige dieser Launen sind jedem vertraut. Wie Sie sich sicher erinnern; vor ein paar Jahren wurden Briefe, die am Bahnhof Grand Central ankamen & an Leute in der Umgebung adressiert waren, nicht an ein dort gelegenes Postamt geliefert, sondern zum General Post Office. Dann brachte man sie wieder zurück, um sie zustellen zu können. Diese Dummheit wurde beibehalten, obwohl die Öffentlichkeit & die Zeitungen sich lange bitter darüber beklagt hatten.

Wir hatten Gesetze, die den Import illegal kopierter amerikanischer Literatur unter Strafe stellten, aber einer unserer Postminister (Jewell) öffnete dieser Literatur, die aus Kanada kam, nicht nur Tür und Tor, sondern lieh den Kanadiern auch noch unsere Postsäcke für diesen Zweck. An seinem Gesetzesbruch sah er nichts Unrechtes. Er glaubte, er habe gegenüber einem benachbarten und befreundeten Staat das Richtige getan & war mit sich »zufrieden«.

Und dann gab es da noch diesen Postminister, der vor etwa zehn Jahren anordnete, dass alle Briefe mit Adressen, bei denen der Name des Bundesstaats fehlte, ins Postamt für unzustellbare Briefe geschickt werden mussten. Schon nach kurzer Zeit war ganz Washington unter Briefen begraben, auf denen nach »New York« die Initialen »N. Y.« fehlten. Ein allgemeiner Aufschrei führte dazu, dass der Erlass im Fall von New York modifiziert wurde: Man konnte »New York City« auf den Umschlag schreiben & den Staat weglassen.

Lange Zeit gab es eine Vorschrift, dass Manuskriptsendungen in etwa so viel Porto kosteten wie Zeitungen. Nun entschied das Postministerium, dass Manuskripte entweder in unverschlossenen Umschlägen verschickt werden müssen oder das normale Briefporto kosten. Es war also wieder so wie vor der Einführung der genannten Vorschrift.

Wir hatten folgende umständliche und ungeschickte Regelung: Ein ungenügend frankierter Brief landete direkt im Amt für unzustellbare Briefe. Dann wurde man von diesem Amt auf dem Postweg informiert, man könne diesen Brief erhalten, wenn man danach fragte & eine Briefsendung mit den nötigen Briefmarken schickte. Der Briefträger hätte das fehlende Geld auch ohne diese Verzögerung und ohne die zusätzlichen Kosten einfordern können.

Das Schlimmste aber: Es gab die Regelung, fehlgeleitete Briefe an den Absender zurückzusenden, ohne dass sich die Post die Mühe machte, den Adressaten ausfindig zu machen. In meinem Haus hängt in einem Bilderrahmen ein Briefumschlag an der Wand, der eine Kuriosität darstellt. Teilweise wegen seiner seltsamen Adressangabe & teilweise wegen seiner Abenteuer in den Postämtern. Er enthielt einen Brief des inzwischen verstorbenen Dr. John Brown (»Rab and His Friends«) & kam aus Edinburgh. Die Adressangabe lautete wie folgt:

Mr. Mark Twain
Care S. L. Clemens,
Hartford,
N. Y.
Near Boston
U.S.A.

Das New Yorker Postamt schickte diesen Brief in das Dorf Hartford im Bundesstaat New York. Von dort kam er natürlich wieder zurück. Dann schickte ihn das New Yorker Postamt zurück nach Schottland. Heute würde die Post in New York so etwas nicht mehr tun, aber damals behauptete sie, sie habe ihre Pflicht vollständig getan und sei nicht dazu verpflichtet, unbekannte Personen aufzustöbern. Das war nicht besonders gut ausgedacht, und es entsprach auch nicht dem Geist unseres eigenen oder irgendeines anderen großartigen Postministeriums. Denn das erste, letzte & mittlere Prinzip unseres & anderer Postsysteme lautet, dass man auf alle Aspekte sorgfältig achten & stetig besser werden muss. Wenn die Bürokratie diesen Grundprinzipien im Weg steht oder sie zerstört, muss man den Amtsschimmel ein für alle Mal stoppen.

Hier in Berlin hat die Postverwaltung mit Sicherheit ein gutes Geschäft. Sie ist zuständig für den Paketdienst, für den Telegrafen & die Telefone & die Rohrpost. Außerdem schreibt, redigiert & veröffentlicht sie den großen kaiserlichen Eisenbahnfahrplan. Alles in allem ist das eine gigantische Aufgabe. Irgendwann werde ich jemanden fragen, wie viele Postämter es in Berlin gibt. Mit Sicherheit sind es sehr viele & sie sind über ganz Berlin verstreut. Alle Postämter sind Telegrafen- und Rohrpost-Stationen. Es muss hier sehr viele Postbezirke geben, denn meine neueste Adresse liegt im Bezirk 64 W (was man im Postamt mit blauer Tinte auf meinen Briefumschlag schrieb). Diese Zahlen und Buchstaben, ergänzt durch das Wort »Berlin« sind eigentlich schon eine ausreichende Adresse.

Oft kommen Briefe an, auf denen nicht mehr als der Name des Adressaten & das Wort »Berlin« steht. Im Postamt werden Straße und Hausnummer nicht ergänzt, sondern nur der Zustellbezirk – in diesem Fall »64 W«. Der Briefträger findet den Adressaten problemlos. Auch wenn er verloren geht, ist er immer noch sicher, denn die Post wird ihn finden. Der Name eines abgelegenen Dorfes, falsch & unleserlich geschrieben, kann die Post für eine Weile bremsen, aber nicht für lange Zeit. Der Brief ist rasch unterwegs; hierhin, dorthin & überallhin – in sämtliche Dörfer in allen Gegenden, bis er beim richtigen Adressaten angekommen ist.

Es scheint hier nirgends Bürokratie oder Haarspaltereien zu geben. Offenbar verfolgt die Postverwaltung das allgemeine Ziel, ihre Arbeit zu machen, & zwar rasch & auf die beste Art und Weise. Die Perfektion der Maschinerie ist darauf ausgerichtet. Man sagt, es gebe bei der Post eine große Armee von Untergebenen, von gebildeten jungen Männern, die eine militärische Ausbildung haben & daher gleich doppelt für ihre Arbeit gerüstet sind. Sie sind intelligent, gut ausgebildet & an prompten Gehorsam gewöhnt, an harte Arbeit & an sorgfältige Pflichterfüllung. Sie fangen ganz unten an – wie Herr Stephan, ihr oberster Chef – und steigen dann entsprechend ihrer Leistungen bis zur Spitze auf. Ihre Stellungen sind nicht von den Launen der Verwaltung abhängig. Sie dienen nur dem Land, aber keiner Partei & man erwartet von ihnen keine politische Betätigung.

Die Rohrpost ist kein Telefon, wie man es angesichts der Bezeichnung vermuten könnte, sondern ein Teil des Berliner Postzustellsystems, der auf der Basis von Druckluftröhren funktioniert. In gewisser Weise entspricht sie unserer Zwei-Cent-Eilzustellung, aber sie ist viel schneller und kostet weniger. Ganz Berlin ist mit Röhren untertunnelt, die überall verlaufen. Der Brief wird wie ein Telegramm durchgeschossen & sofort zugestellt. Dies ist ein Beispiel für die Bereitschaft einer Behörde, Regeln hintanzustellen, wenn sie dem optimalen Service im Weg stehen.

Ein Arzt, der an einem Sonntagmorgen unerwartet aufs Land reisen musste, warf eine ganz normale Postkarte in einen Briefkasten, um einen jungen Kollegen zu bitten, an seiner Stelle am Mittag einen Patienten aufzusuchen. Er hatte allerdings nur den Namen des jungen Arztes richtig geschrieben; mit dem Rest der Adresse lag er meilenweit daneben. Der Briefträger fand zwar die angegebene Straße & Hausnummer, aber den jungen Arzt fand er natürlich nicht. Das Postamt stöberte ihn allerdings im Adressbuch auf, klebte für sieben Cents Briefmarken auf die Postkarte, jagte sie durch die Druckluftröhre & stellte sie rechtzeitig zu. Während die Post an den Wochentagen sofort zugestellt wird, gibt es Sonntag nur einen Auslieferungstermin. Daher hat das Postamt nicht nur den jungen Arzt aufgestöbert & die Briefmarken beigesteuert, sondern auch noch eine Zustellung spendiert, die es am Sonntag eigentlich gar nicht gibt.

In Berlin gibt es keine Telegrafenmasten, keine Telefonmasten und keine Strommasten. Diese idiotischen, ärgerlichen & gefährlichen Gegenstände fehlen völlig. Meiner Meinung nach ist dies eine Idee, die man nachahmen sollte. Die Stromkabel werden unterirdisch verlegt & die anderen Kabel sind weit oben & somit niemandem im Weg. Da & dort, auf den Dächern eines hohen Gebäudes, sieht man eine riesige Eisenkonstruktion, die aussieht wie ein Vogelkäfig. Sämtliche Drähte sind mit weißen Isolatoren aus Porzellan verbunden. In einem solchen Käfig habe ich sechshundert von ihnen gezählt. Von diesen Isolatoren aus spannen sich die Drähte durch den Himmel – wie riesige Schattenstrahlen und hin zu anderen, weit entfernten Eisenkäfigen, die ebenfalls auf hohen Gebäuden thronen.

Das Telegrafieren ist sehr billig & der Service ist in jeder Hinsicht derart prompt & ausgezeichnet, dass man sich fragt, ob dies das gleiche Medium ist wie die Schotterzüge von Western Union. Auch der Telefonservice ist hier hervorragend. Ich würde ihn gern mit unserem vergleichen, wenn wir einen hätten. Aber bei uns hat es noch nie einen Telefonservice gegeben, der etwas anderes verdiente als das Mitleid der Gutmütigen & die Verwünschungen der Gottlosen. Er war immer taub & stumm – wenn er nicht tot war & das war er meistens. Nachts, wenn die elektrischen Lichter leuchten & man den Telefonhörer ans Ohr hält, ist es so, als befände man sich mitten in einer Schlacht, mit einem Erdbeben unter den Füßen und einem Gewitter über dem Kopf. Dennoch ist unser Telefon eine gute Sache. Jedes Monopol ist eine gute Sache, wenn es Geld für eine Dienstleistung verlangt & dann keinen Service bietet.

Ich würde gern über die literarische Leistung des zuständigen Ministeriums sprechen, das große Eisenbahn-Kursbuch, aber das würde einen Tag Arbeit erfordern. Ich möchte hier nur anmerken, dass es bemerkenswert einfach & leicht verständlich ist. Ich kenne kein anderes Eisenbahn-Kursbuch, von dem man das sagen könnte. Mit ihm in der Hand findet man sich auch ohne einen Experten in ganz Europa zurecht. Ich denke, es ist der Mühe wert, noch eine weitere Bemerkung über das Postministerium hinzuzufügen: Ihm ist bewusst, dass es die große Maschine nicht in perfektem Zustand halten kann, wenn die Öffentlichkeit nicht mithilft. Daher wehrt es Beschwerden nicht ab, sondern ermutigt seine Kunden sogar dazu. Die Beschwerden werden aufmerksam beachtet, der beklagte Fehler wird korrigiert & dies ermutigt den Beschwerdeführer, sein Verhalten zu wiederholen.

Der Paketdienst ist das Gegenstück zu unserem Expressgeschäft, weil die Postämter und nicht Privatunternehmen dafür zuständig sind. Er ist sehr gut, aber das kann man auch von unserem Zustelldienst sagen. Ich glaube, dass unsere Expressfirmen immer zufriedenstellend arbeiten.

Es gibt in Berlin keine öffentlichen Gebäude, die es mit der allgemeinen Pracht der Stadt aufnehmen könnten oder geeignet sind, Akzente zu setzen. Außer der Statue Friedrichs des Großen & einem anderen Denkmal fehlen herausragende, beeindruckende Monumente. Das Denkmal Friedrichs ist groß & schön und geschickt platziert. Das andere dagegen ist sicherlich ein Schandfleck, zumindest was seine auffälligsten und aggressivsten Züge betrifft. Ich meine damit den goldenen Engel auf der Siegessäule. Die Säule selbst ist hoch, großartig & edel geformt & steht an einer wunderbaren Stelle. Es wäre nur gerecht & zufriedenstellend, würde Gott seinen Engel von dort abberufen. Es handelt sich um einen der unangenehmsten Engel, die ich je gesehen habe. Ich glaube ich habe wirklich noch nie einen unansehnlicheren Engel als diesen erblickt, vielleicht mit Ausnahme dieser langen, dünnen, bleichen & blutarmen Engel, die Fra Angelico gemalt hat. Aber der hier ist nicht von dieser Sorte, sondern das genaue Gegenteil. Dies ist der Engel des Sieges & er ist zu allem fähig. Ich würde ihn gerne einmal hinter einem Schwarm dieser anderen Engel herjagen sehen.

Ich habe in Berlin noch ein weiteres Monument gesehen & es hatte mit Sicherheit jedes Recht, auf einer Stufe mit den beiden anderen zu stehen – aus mehreren Gründen. Dieses Monument war ein Bettler. Der einzige Bettler, den ich in den dreieinhalb Monaten zu Gesicht bekam, die ich in dieser riesigen Stadt verbracht habe. Ich meine: in der Öffentlichkeit. Bettelbriefe sind hier äußerst weit verbreitet & dann & wann wird man mit diesem bierdurchtränkten Humbug konfrontiert. Jemand muss sofort mit dem Nachtzug nach Wien oder London, um dort eine Chance zu nutzen & muss sich das dringend benötigte Geld leihen. Aber in der Öffentlichkeit habe ich nur diesen einen Bettler gesehen.

Natürlich war er nicht zu übersehen; natürlich setzte er sich auf meiner Netzhaut fest und brannte sich darin ein. Er kam völlig unerwartet, er war eine Überraschung, ein elektrischer Schlag, nahezu unglaublich. Da stand er, lehnte an einem Gebäude in einer einsamen Straße. Er trug keine Kopfbedeckung, ein Auge war bandagiert & er hatte ein Holzbein. Nach vorn gebeugt stand er da & hielt seinen schäbigen Hut in der ausgestreckten Hand.

Immer wenn ich in der Erinnerung Friedrich & den Siegesengel vor mir sehe, dann sehe ich auch den Bettler mit dem Holzbein. Unweigerlich vermischt er sich mit diesen beiden Denkmälern zu einer Gruppe. Und er ist für diese Gruppe keine Schande, sondern eine ehrbare Ergänzung, denn er steht dafür, dass die Gesetze vollzogen und nicht vernachlässigt werden. In allen zivilisierten Städten gibt es sehr sorgfältig ausgearbeitete & strenge Gesetze gegen Betteln in der Öffentlichkeit, aber ich habe nicht damit gerechnet, dass es eine Stadt gibt, in der sich die Polizei die Mühe macht, sie tatsächlich durchzusetzen.

Diese Anmerkungen führen ganz natürlich & unvermeidlich zu der Frage: Wenn Berlin diese Gesetze gegen Betteln in der Öffentlichkeit vollzieht, was tut die Stadt dann zum Schutz derjenigen, die sehr arm sind und keine Freunde haben? Das ist eine lange, aber interessante Geschichte. Eines Tages werde ich versuchen, sie zu erzählen & zu sehen, ob unser Volk etwas darin findet, das es wert wäre, nachgeahmt und importiert zu werden – seinem Wohlbefinden, seiner Klugheit & seiner großen Humanität zuliebe.

Fragment Preußischer Geschichte: Wilhelmine, Markgräfin von Bayreuth

Es war der 22. Januar 1732, mitten am Nachmittag. Dichter Nebel bedeckte das Land. Auf dem Boden lag Schnee, der zu einem breiigen Matsch getaut war, aber jetzt, da sich der kurze Tag dem Ende zuneigte, wieder zu gefrieren begann. Wegen des Nebels konnte man nur eine oder zwei Meilen weit sehen & der Anblick war öde & deprimierend. Das Land bot einen traurigen Anblick, hier & dort stand ein einsamer Baum, aber größtenteils war die Landschaft nackt, ohne Leben & trostlos. Ein Treck von Kutschen und Waggons quälte sich durch die Gegend. Nicht komfortabel, sondern unter Mühen. Schwankend, knirschend & geräuschvoll kämpfte er sich im Schneckentempo durch die tiefen Wagenspuren & Furchen. Der Wagenzug bestand aus fünf schwerfälligen, protzigen Kutschen, gezogen von mageren, klapprigen Postpferden & sieben schwer beladenen Gepäckwagen, gezogen von Kaltblütern.

Die erste Kutsche hatte sechs Pferde. Auf dem Kutschbock neben dem Kutscher saßen zwei dösende, warm gekleidete Bedienstete, hinten standen zwei Wachsoldaten mit altertümlichen Waffen. Auf dem Dach lagen zwei schwere Truhen, die nicht besonders sicher befestigt waren & mit der Kutsche hin und her schwankten. Sie sahen aus wie Tiere, die die Landschaft sehen wollten & so oft wie möglich nach links und rechts über den Rand des Kutschendachs schauten. Auf dem vorderen Sitz im Inneren der Kutsche saß ein unerschütterlicher junger Mann, der tief schlief. Es war Prinz Heinrich, Thronerbe der Markgrafschaft Bayreuth, ein angenehmer, wenn auch durchschnittlicher junger Mann.

Auf dem rückwärtigen Platz saß seine klein gewachsene, zweiundzwanzigjährige Braut Wilhelmine, die später Markgräfin & eine Berühmtheit werden sollte. Wegen ihres voluminösen Umhangs konnte man nur ihr Gesicht erkennen. Aber dieses Gesicht war bemerkenswert, denn es war lebhaft & aufmerksam mit hoher Intelligenz. In diesem trübseligen Zeitalter & in dieser Gesellschaft war dies nicht nur auffällig, sondern erstaunlich. Ihr lebhaftes Gesicht war ein Fenster, das in der Regel nichts verbarg. Öfter als es klug & beabsichtigt war, verriet es dem Außenstehenden, was in der jungen Dame vor sich ging. Das war eher unglücklich in einer Zeit, als die meisten Kleidungsstücke eine Kombination von Spion, Heuchler & Verräter enthielten.

Die Natur, der Charakter & die Disposition, die dieses Gesicht zeigte, wiesen einige wirklich gute Eigenschaften auf und einige, die nicht so gut waren. Sie neigte zur Freundlichkeit, sie war einfühlsam, ihre Gefühle waren intensiv, sie war außerordentlich loyal, ob sie jemanden mochte oder nicht. Sie hatte eine bittere, harte Schule durchgemacht, war aber dennoch weder verdrießlich noch verbittert; trotz der ungünstigen Umstände hatte sie sich ihr von Natur aus sonniges Gemüt bewahrt. Eine vernünftige Ausbildung hatte sie nicht genossen, zeigte unter schwierigen Bedingungen aber oft eine Geduld, die Weisheit war, und verhielt sich oft auf geschickte Weise diplomatisch. Sie war stolz auf ihre königliche Abstammung & äußerst ehrgeizig.

Ihre hervorstechendste Eigenschaft war in Deutschland allerdings extrem selten – Humor. Sie hatte Humor im Überfluss, aber das war wie eine Sonne an einem leeren Himmel, weil ihre Zeitgenossen eben keinen Humor hatten. Manchmal verbreitete sie damit Wärme & Freude & Vergnügen & Belebung, aber meistens verletzte sie die Menschen damit. Gemessen an den Maßstäben ihrer Zeit war sie, was ihre Gefühle & deren Ausdruck betrifft, kultiviert und zurückhaltend, nach unseren Maßstäben war sie es nicht. Hinsichtlich Bildung, Charakter, Gemüt, Verhalten, Moral, Intellekt, Absichten & der Fähigkeit, sich mündlich & schriftlich auszudrücken war sie jedem in der kleinen Gesellschaft weit überlegen, der sie nun angehören würde.

Neben der jungen Dame saß eine mütterliche, gutmütige, eifrige, interessierte, leidenschaftliche, besorgte, durchschnittlich intelligente, indiskrete, übereifrige, schwatzhafte Adelige mittleren Alters. Das war ihre Ehrenbrautjungfer, die ihr, ebenso wie ihr Ehemann und der Rest ihrer vielfältigen Ausstattung von Mama & Papa zugeteilt worden war – dem König & der Königin von Preußen.

In der zweiten Kutsche saßen weniger hochstehende Brautjungfern, die auch zum Gefolge der jungen Dame gehörten.

In der dritten Kutsche saßen Baron von Reitzenstein, Großkämmerer des Bayreuther Hofs & Baron von Burstell, preußischer Sondergesandter und bevollmächtigter Minister. Der König hatte ihn vor kurzem dazu berufen, ihn in Bayreuth zu repräsentieren & gleichzeitig die Interessen seiner Tochter im Auge zu behalten. Daneben saßen einige hohe Offizielle des Haushalts der jungen Prinzessin, ausgesucht von Mama & Papa.

In den beiden anderen Kutschen befanden sich weniger hochgestellte Haushaltsangestellte.

Die sechs Gepäckwaggons fuhren hinter den Kutschen.

Der Wind wehte einige frische Schneeflocken vorbei. Die Prinzessin bemerkte sie & sagte: »Ich werde meinen Traum jetzt nicht weiterträumen. Er passt nicht zum Wetter & zu den allgemeinen Aussichten.«

Das Gesicht der älteren Dame erhellte sich.

»Ich hielt dieses Schweigen schon kaum noch aus, königliche Hoheit, & ich betete zu Gott, dass Sie etwas sagen würden. Darf man fragen, worum es in diesem Traum geht?«

»Ach, nichts. Nur um die vier königlichen Kronen, die man mir schon in der Wiege versprochen hat. Vier Phantome. Das ist alles, was sie sind. Ich werde sie niemals sehen, und es ärgert mich, daran zu denken!«

»Ach, Hoheit, sprechen Sie doch nicht so! Ich ertrage es nicht, das zu hören. Ich habe immer an diese schöne Prophezeiung geglaubt.«

»Ich auch. Oh ja, sie hat mich seit meiner Kindheit geärgert & belästigt, weil sie niemals wahr wird.«

»Madame, Sie vergessen, dass Sie fast Königin von England geworden wären.«

»*Fast*! Was beweist das denn? Es ist nicht passiert. Es ist gescheitert. Es war eine bittere Enttäuschung – sie hätte gar nicht schlimmer sein können. Und man hätte das auch arrangieren können, aber es ist an Dummheit und Patzern gescheitert. Ich habe mir deswegen die Augen ausgeweint. Wer hätte das nicht getan? England! Was ist das für ein Thron, welche Glorie strahlt er durch seine beeindruckende Geschichte aus!«

»Ach, aber Madame! Das ist eine Frage der Geduld. Es geht nur um Geduld und Mut, das ist alles. Alles wird gut; ich weiß das. Alles, was dieser Zauberer prophezeite, hat sich bewahrheitet – ah, dieser Mann war ein Weltwunder. Ich erinnere mich noch gut an ihn & auch diese Prophezeiung wird sich erfüllen. Ja, Sie werden sehen. Und außerdem, Madame, müssen Sie daran denken, dass Sie immer noch ein Kind sind, wenn Ihre bescheidene Dienerin wagen darf, dies zu sagen. Es bleibt noch viel Zeit & es wird passieren.«

»Wie, viel Zeit, du gutes, leichtgläubiges und gedankenloses altes Ding? Ich bin jetzt zweiundzwanzig & die Erfüllung der Vorhersage hat noch nicht einmal begonnen, wenn du dir den Durchschnitt anschaust! Bei dieser Geschwindigkeit werde ich achtundachtzig sein, bis ich zur vierten Prophezeiung komme. Ich werde eine verschrumpelte Mumie sein; ich würde es nicht wollen & nicht bekommen!«

»Ach, liebe Madame, die Erfüllung ist doch schon im Gang – das kann man nicht leugnen. Sie werden die königliche Krone von Bayreuth auf dem Kopf tragen, und dort schläft der Mann, der sie Ihnen aufs Haupt setzen wird. Die drei anderen werden noch kommen.«

Die junge Prinzessin warf einen Blick auf den Schlafenden, ihr erzürnter Gesichtsausdruck wurde weicher und das Licht der Liebe glänzte in ihren Augen. Sie beugte sich nach vorn, deckte ihn warm zu & tätschelte die Decken liebevoll. Die Ehrenbrautjungfer sah mit sehnsuchtsvollen Augen in die Landschaft & sagte dann sorgenvoll: »Diese Reise wird wohl niemals enden. Elf Tage Schlamm & Matsch & Eis & Schnee & Regen & Eisregen & Einsamkeit & Isolation & erschöpfende Mühsal, Mühsal, *Mühsal*! Die längsten zweihundert Meilen, die es je gab, & Ihre königliche Hoheit sind nicht gesund und – ach Gott, ich glaube, ich sehe Bayreuth! Ich bin sicher, dass dort am Horizont eine kleine Stadt liegt. Sehen Sie, Madame!«

»Ja, das scheint eine Stadt zu sein. Und natürlich ist das die Hauptstadt unseres Königreichs. Und denken Sie einmal – das hätte auch London sein können. Es *wäre* London gewesen, hätte es diese dummen Fehler nicht gegeben. Oder Dover – oder Plymouth. Dann wäre das Meer von ungezählten Schlachtschiffen bedeckt gewesen, mit flatternden Fahnen von der Mastspitze bis zum Wasser. Die Welt wäre voller Rauch und Kanonendonner. An der Küste stünde ein großartiger Begrüßungspavillon, wo eine große Schar von Prinzen & Herzögen & Admirälen & Generälen wartete. Dahinter könnte man Triumphbögen sehen & eine unübersehbare Zahl von Menschen in Festtagskleidung, die Hüte & Handtücher schwenken & eine ganze Armee – Regiment nach Regiment –

Kavallerie, Artillerie & Infanterie in schönen Uniformen & die Truppen der Palastwache! Stelle dir die Wachsoldaten vor, die wie Könige in den Sätteln sitzen & mit ihren eisernen Brustpanzern & Helmen wie die Sonne glänzen.«

»Popp! Popp! Popp!«

»Was war das – ein Hund?«

»Nein, Ihre königliche Hoheit, das war eine Kanone. Ein Salut. Hier ist die Eskorte. Und der königliche Hofstaat. Sie kommen allmählich ins Blickfeld, wenn wir um diesen kleinen Hügel herumfahren.«

Die Prinzessin warf einen kurzen Blick aus der Kutsche & sagte entsetzt: »Was, diese bedauernswerten Wilden, dieses seltsame Volk?«

Sie berührte ihren Ehemann, um ihn zu wecken und machte sich dann zurecht für Herrn von Dobenek, den Regierungspräsidenten von Bayreuth, der sich mit seinen Begleitern der Kutsche näherte, um seine Begrüßungsansprache zu verlesen. Die Prinzessin murmelte vor sich hin:

»Ein Museum für Altertümer. Diese Kleider sind historische Relikte; nein, sie reichen noch weiter zurück. Sogar die Bänder an den Zöpfen sind vor Alter schon verblasst.«

Sie neigte leicht den Kopf, um sich für die tiefe Verbeugung des Präsidenten zu bedanken & dann begann die Verlesung der Willkommensadresse. Sie war sehr langatmig & ausgeschmückt & recht ausführlich & wäre allmählich langweilig geworden, wären da nicht der Stolz des Präsidenten auf seine Rede gewesen, sein Spaß an der Beschreibung der Geschichte, die Energie seines Gestikulierens & der Donner seines außerordentlichen Vortrags. Die Prinzessin antwortete mit ein, zwei angemessenen Worten, die Eskorte nahm ihren Platz ein & die Prozession setzte ihren Weg fort.

Begleitet wurde sie von Lärm aus fünf Querpfeifen, sechs Kesselpauken & dreihundert erfreuten & erstaunten Hunden. Sie bahnte sich ihren Weg langsam zwischen zwei Reihen von

Bauern, die ihre Hüte zogen & die Prinzessin so laut & herzlich willkommen hießen, dass sie gerührt war – so gerührt, dass sie fast schon glücklich war. Fast. Vollkommen glücklich konnte sie nicht sein. Sie hatte eine zu schmerzliche Überraschung erlebt, ein zu groteskes Erwachen aus ihren goldenen Träumen, eine zu schlimme Enttäuschung. Das unromantische Bild des Hofstaats stand ihr immer noch vor Augen; die dreißig ungepflegten Adeligen in ihrer schäbigen Kleidung. »Stallburschen« nannte sie sie im Geheimen & beschrieb ihre Gesichter in ihrem Tagebuch & meinte, sie sähen so aus, als könnten sie allein durch ihren Anblick kleine Kinder vor Schreck ins Bett jagen. Das war weder alles noch das am vorsichtigsten Formulierte, was sie über diese Leute zu sagen hatte. Was spirituelle Wohltätigkeit und emotionale Verfeinerung betraf, war sie ihrer Zeit zwar eineinhalb Jahrhunderte voraus, aber in ihr steckte auch etwas von der unverblümten Sprache ihrer Zeit & sie ließ dem oft freien Lauf. Ihre Sprache war selten wirklich grob, aber sehr oft von beißender Schärfe. Andere Leute sagten brutale Dinge auf brutale Art und Weise. Sie sagte harte Dinge, aber nicht brutal. Sie drückte sie scharf aus, teilte sie fröhlich und gut gelaunt mit, aber wo sie einschlugen, hinterließen sie ihre Wirkung.

Während sich die Prozession weiterbewegte, kam ihr dieser goldene und rettende Charakterzug zu Hilfe – ihr Humor. So war es schon oft gewesen – und ihre Laune hellte sich auf. Das Lustige an der Situation drängte sich ihr allmählich auf & die gesunde Begleiterin des Humors – die Weisheit – folgte mit einem Rat: Das Beste, was man aus einer Situation machen kann, so enttäuschend sie auch sein mag, ist, sie mit Heiterkeit aufzunehmen & das Optimale daraus zu machen. Die Prinzessin beschloss, zumindest zu versuchen, heiter zu sein & damit möglicherweise Erfolg zu haben. Sie hoffte, dass die Umstände ihr dabei helfen würden, obwohl sie das eigentlich bezweifelte.

Nach einer halben Stunde erreichte die Prozession unter dem Klang von Pfeifen und Trommeln die schäbige kleine Stadt & wand sich durch enge Straßen, die von jubelnden Dorfbewohnern blockiert & mit flatternden Fetzen & Fahnen geschmückt waren. Kurz vor Einbruch der Nacht kam sie vor dem Schloss des Monarchen an.

Popp! Popp! Popp! ließ sich wieder der Salut der kleinen Kanone hören. Die Querpfeifen kreischten, die Trommeln donnerten, die versammelten Bürger jubelten & die dreihundert Hunde vom Land & die zweihundert Hunde aus dem Dorf öffneten die Mäuler & erhoben die Lautstärke des Willkommenslärms über ein königliches auf ein kaiserliches Niveau. Später schrieb Wilhelmine in ihr Tagebuch: »Ich glaube nicht, dass je eine Fürstin so empfangen wurde.«

Das Schloss war kein Schloss. Damals pflegte man die Residenz eines deutschen Monarchen immer noch so zu bezeichnen, ebenso wie man die Residenz eines Bischofs Palast nannte – auch wenn es sich nur um einen Wigwam aus der Südsee handelte. Der Name war das einzig Großartige am Schloss des Markgrafen. Es handelte sich um ein Steinhaus in trüben Farben, quadratisch wie eine Schachtel & es wies keinerlei Dekorationen auf. Es stand in der Mitte eines großen, düsteren Hofs, der rau gepflastert und von einer Mauer umgeben war. Zwei Wachsoldaten in verblichenen Uniformen standen am Tor, zwei weitere an der Eingangstür.

Der Prinz & die Prinzessin stiegen aus der Kutsche, schritten auf einem roten Teppich zur Tür und traten ein, während die Wachsoldaten vorschriftsmäßig die Waffen präsentierten. In der Halle stand der Monarch mit seinen beiden halbwüchsigen Töchtern im gedämpften Licht weniger Kerzen. Die dreißig Adeligen, die wir bereits kennengelernt haben, waren ebenfalls anwesend. Sie waren wahrscheinlich durch die Hintertür gekommen. Der Markgraf empfing das Paar mit einer Vornehmheit an Stil, ausgefeilten Manieren und Gesten, die aus ihm schon fast eine zu gute Kopie des Rollenmodells machten, das er zweifellos zu kopieren versuchte – der verstorbene Louis XIV. Die Imitation reichte noch weiter – & zwar mit Erfolg. Der Markgraf war nämlich klein und hatte spindeldürre Beine. Er trug einen weit geschnittenen Mantel mit goldenen Spitzen aus der Zeit Ludwigs, aus schimmerndem Samt; seine Seidenstrümpfe reichten bis über die Knie, wo sie mit Strumpfbändern befestigt waren. Sein kleiner Kopf verlor sich fast in einem lockigen Niagarafall von Perücke – eine Mode, die bald von weniger aufwendigen Perücken abgelöst wurde. Das höfische Schwert, die mit Spitzen verzierten Manschetten, die goldene Schnupftabakdose, das Lächeln – genau abgemessen nach den Personen, die er damit beglückte – alles war noch da & der wertvolle Teil Ludwigs XIV. war immer noch vorhanden, obwohl der Rest von ihm diese Welt verlassen hatte.

Der Markgraf richtete viele schöne & freundliche Worte an seine neue Tochter & seinen Sohn & er absolvierte diese ganze Zeremonie ohne jeden Fehler & ohne ein Wort auszulassen. Er hatte seine besten Kleider an & fühlte sich gut. Außerdem war er diesmal nüchtern, was alle bemerkten & bewunderten. Er war fünfundvierzig Jahre alt; er war eine königliche Persönlichkeit. Er hatte über 43 000 Untertanen. In seiner Hauptstadt wohnten mehr als zweitausend Menschen & er war Herr über ein Reich, das zu überfliegen eine Taube mehr als eine halbe Stunde brauchte. Er nannte das sein »Hoheitsgebiet«. Er war, was er war; nicht von Menschen ernannt, sondern Herrscher von Gottes Gnaden. Man machte damals ständig solche Fehler.

Der Markgraf & seine Töchter brachten die von der Reise erschöpfte Prinzessin nach oben, um ihr ihre Gemächer zu zeigen & die ganze aristokratische Menagerie folgte ihnen. Da gab es zunächst eine große, ziemlich schmutzige Halle. Sie öffnete sich zum Zimmer der Prinzessin, das groß und hoch, aber wahrscheinlich seit Menschengedenken nicht mehr frisch gestrichen worden war. Der Teppich war früher einmal sehr schön gewesen; das Mobiliar war in alten Zeiten vertrauenswürdig gewesen, bedurfte nun aber dringend einer Auffrischung. An den Wänden hingen Gobelins, auf denen früher Moses & Aaron & die Kinder Israels in der Wüste zu sehen waren. Bis auf die Wüste war jetzt alles verschwunden. Man sah nur noch verblasste, undeutliche Geister der Wanderer; lebensgroße Phantome, durchscheinende, undeutliche, dahinschwindende Gestalten am einstmals Roten Meer. Man sah sie neben der kaum noch erkennbaren aufgerichteten Schlange, sie beteten an einem Platz, wo an schöneren Tagen das goldene Kalb zu sehen war & beim von Kerzen erleuchteten Begräbnis. Diese unheimliche Darstellung ließ die Prinzessin gruseln. Sie sagte, diese verblichenen Bilder verfolgten sie wie Gespenster.

Dieser Salon führte zu einem Kabinett, geschmückt mit Brokat von nicht mehr bestimmbarer Farbe. Dann kam ein Raum, dessen verhexte & verteufelte Extravaganzen von Armut & Ruin nicht einmal die Prinzessin zu ihrer Zufriedenheit schildern konnte. Ebenso wie im Salon & im Kabinett hielt sie ihre Zunge im Zaum. Auf alle selbstgefälligen Fragen des Markgrafen nach ihrer Meinung antwortete sie zurückhaltend, aber höflich: »Schön – wunderschön!«

Schließlich kam sie in ihrem Schlafzimmer an. Es war mit früher grünem Damast bezogen, mit goldenen Verzierungen. Alles Hab und Gut in diesem Haus verfiel wegen seines Alters und der mangelnden Pflege. Es war dem Ende nahe und bereit für den letzten Trost durch die Kirche. Immer wenn man die Bettvorhänge anfasste, fiel ein Fetzen herunter.

»Wie gefällt es Ihnen?«, sagte seine königliche Hoheit.

»Schön, wunderschön«, seufzte die Exilantin.

Berlin – das Chicago Europas

MARK TWAINS REISEBRIEFE VON 1891/1892,
ERSCHIENEN AM 3. APRIL 1892 IN DER CHICAGO DAILY TRIBUNE

In Berlin fühle ich mich verloren. Es hat keine Ähnlichkeit mit der Stadt, die ich erwartet hatte. Es gab einmal ein Berlin, das ich aus Beschreibungen in Büchern erkannt hätte – das Berlin im letzten und am Beginn des jetzigen Jahrhunderts: eine schmuddelige Stadt mit holprigen Straßen, schmutzig und mit Laternenbeleuchtung, mit Reihen hässlicher Häuser, die alle gleich aussahen, zusammengepresst in quadratische, gleichförmige und monotone Wohnblöcke. Aber dieses Berlin gibt es nicht mehr. Es scheint vollkommen verschwunden zu sein und keinerlei Spuren hinterlassen zu haben. Der Großteil des heutigen Berlin hat nichts mit der Vergangenheit zu tun. Das Gelände, auf dem es steht, hat Traditionen und eine Geschichte, aber die Stadt selbst hat weder Traditionen noch Geschichte. Es ist eine neue Stadt; die neueste, die ich je gesehen habe. Chicago würde im Vergleich dazu altehrwürdig aussehen, denn in Chicago gibt es etliche Gegenden, die alt aussehen, aber in Berlin gibt es nicht viele davon. Die Masse ihrer Bauten sieht ganz so aus, als wären sie letzte Woche errichtet worden; der Rest der Stadt macht einen kaum wahrnehmbar ernsteren Eindruck. Er sieht aus als sei er sieben oder acht Monate alt.

Was einem als Nächstes auffällt ist die Weiträumigkeit der Stadt. In keinem anderen Land gibt es eine Stadt mit derart breiten Straßen. Berlin ist nicht nur eine Stadt mit breiten Straßen, es ist *die* Stadt der breiten Straßen. Was die Breite der Straßen betrifft kam ihr keine andere Stadt in keinem Zeitalter der Menschheit gleich. »Unter den Linden« – das sind drei Straßen in einer. An der Potsdamer Straße gibt es auf beiden Seiten Fußgängerwege, die breiter sind als einige der historischen Hauptstraßen der alten europäischen Hauptstädte. Es scheint hier keine kleinen Straßen oder Gassen zu geben, auch keine Abkürzungen. Hier und dort, wo einige wichtige Straßen in ein gemeinsames Zentrum münden, hat dieses Zentrum einen Umfang, dass einem gleich wieder das Wort Weiträumigkeit einfällt. Der Park in der Mitte der Stadt ist so riesig, dass einem dieser Ausdruck wiederum in den Sinn kommt.

Zudem sticht die Geradlinigkeit der Straßen ins Auge. Die kurzen sind schnurgerade, die langen erstrecken sich über weite Entfernungen, zeigen dann eine leichte Neigung nach rechts oder links und überbrücken daraufhin noch eine immense Distanz, so geradlinig wie ein Lichtstrahl. Infolge dieses Arrangements ist Berlin nachts ein inspirierender Anblick. Gaslaternen und elektrisches Licht werden geradezu verschwenderisch angewendet. Wo immer man hingeht sieht man auf beiden Seiten der Straße brillante Lichter, auf jedem Platz gibt es eine breite und wunderbare Lichterkonstellation, und zwischen der endlosen Doppelprozession der Straßenlaternen sieht man den Schwarm der Taxischeinwerfer; eine lebhafte und schöne Zugabe zu dem hübschen Anblick, denn die Geschwindigkeit, das Durcheinander und das Geglitzer lassen einen an eine Invasion von Glühwürmchen denken.

Es gibt noch eine weitere bemerkenswerte Eigenheit – Berlin liegt auf absolut flachem Gelände. Um es noch einmal zu erwähnen: Berlin sieht neuer aus als jede andere Stadt, auch heller und sauberer. Keine andere Stadt macht einen derart geräumigen Eindruck, frei von Gedränge. Keine andere Stadt hat so viele schnurgerade Straßen; was die Flachheit des Geländes und was phänomenale Wachstum betrifft, kann nur Chicago mithalten. Berlin ist das europäische Chicago. Beide Städte haben ungefähr gleich viele Einwohner – etwa eineinhalb Millionen. Genau kann ich das nicht sagen, denn ich weiß nur, wie viele Einwohner Chicago letzte Woche hatte, und damals waren es etwa eineinhalb Millionen. Natürlich waren Berlin und Chicago auch vor fünfzehn Jahren schon große Städte, aber nicht solche Giganten wie heute.

Doch hier enden die Gemeinsamkeiten auch schon. Nur Teile von Chicago sind stattlich und schön; in Berlin ist alles stattlich und solide, und die Stadt ist nicht nur teilweise, sondern allgemein schön. In Chicago gibt es Gebäude, die architektonisch beeindruckender sind als jedes Gebäude in Berlin, aber was ich weiter oben gesagt habe, gilt dennoch. Diese beiden Städte auf flachem Gelände wären Weltspitze, was phänomenal gute Gesundheit betrifft – gäbe es da nicht noch London. Aktuell führt London mit ein, zwei Punkten Vorsprung. Berlins Sterberate liegt bei nur neunzehn von tausend Einwohnern. Vor vierzehn Jahren war die Rate noch um ein Drittel höher.

Berlin ist in vielerlei Hinsicht eine Überraschung – in fast jeder Hinsicht, um es deutlich und exakt auszudrücken. Es scheint die am intensivsten verwaltete Stadt der Welt zu sein, aber man muss einräumen, dass es auch die am besten regierte Stadt zu sein scheint. Alles hat Methode und System – große Dinge, kleine Dinge, alle Details jeglicher Größenordnung. Und dabei handelt es sich nicht um Methode und Praxis auf dem Papier, sondern um Methode und System in der Praxis. Dieses System regelt alles und setzt die Regeln auch durch; gegen Arme und Reiche gleichermaßen, ohne Bevorzugung oder Vorurteile. Es geht mit wichtigen Angelegenheiten ebenso sorgsam um wie mit winzigen Kleinigkeiten, mit größter Sorgfalt und Beharrlichkeit, die Bewunderung auslösen – und manchmal auch Bedauern. Es gibt verschiedene Steuern, die vierteljährlich eingesammelt werden. Eingesammelt ist das richtige Wort, denn die Steuern werden nicht nur erhoben, sondern eben eingesammelt – jedes Mal. Das führt zu niedrigen Steuern. In Städten und Ländern, wo ein großer Teil der Einwohner sich vor den Steuerzahlungen drückt, müssen die Steuern erhöht werden, bis sie belastend werden. Hier aber kommt immer wieder die Polizei, ruhig und geduldig, bis man seine Steuern bezahlt hat. Nach der ersten Zahlungsaufforderung kostet jeder Besuch der Polizei fünf oder zehn Cents. Und es erweist sich, dass sie dieses Geld auch tatsächlich eintreibt.

In einer bestimmten Hinsicht sind die eineinhalb Millionen Einwohner Berlins wie eine Familie. Das Oberhaupt dieser großen Familie kennt die Namen einiger Mitglieder und weiß, wo sie wohnen. Er weiß, wann und wo sie geboren sind, womit sie ihren Lebensunterhalt verdienen und welcher Kirche sie angehören. Wer nach Berlin kommt, muss diese Daten sofort der Polizei mitteilen, und wenn er weiß, wie lange er bleibt, muss er auch dies angeben. Wenn er in einem Haus wohnt, wird er auf Basis der Miete und auch seines Einkommens besteuert. Er wird nicht nach seinem Einkommen gefragt, kann sich also ein paar Lügen für den Hausgebrauch aufsparen. Die Polizei schätzt sein Einkommen auf Basis der Miete, die er bezahlt, und auf dieser Grundlage wird er besteuert.

Zölle auf Importe werden unerbittlich eingesammelt, ob es sich nun um eine große oder kleine Summe handelt, aber die Methoden sind freundlich, zeitnah und gründlich. Wenn der Artikel mit der Post kommt, kümmert sich der Briefträger darum; man hat damit weder Ärger noch Unannehmlichkeiten. Neulich wurde ein Freund von mir informiert, dass im Postamt ein Paket für ihn zur Abholung bereit lag. Es enthielt einen Damen-Seidengürtel mit einer goldenen Schließe und einen goldenen Schlüsselbund. Sein erster Impuls war, den Briefträger zu bestechen, ihm das Paket zollfrei zu überbringen, aber er kam zur Vernunft und akzeptierte, dass die Dinge ihren geregelten und angemessenen Lauf nehmen mussten. Kurze Zeit später brachte der Briefträger das Paket und erhob folgende Gebühren: 7½ Cents Zoll auf den Seidengürtel, 10 Cents Zoll auf die Goldkette, 5 Cents Liefergebühr für das Paket. Diese vernichtenden Aufschläge werden zum Schutz der einheimischen deutschen Industrieproduktion erhoben.

Was ich dabei am meisten bewundert habe, ist die stille, ruhige, höfliche und sture Hartnäckigkeit der Polizei. Sie überzeugte mich davon, einen Pass für ein Schweizer Zimmermädchen zu besorgen, das wir mitgebracht hatten. Nach sechs Wochen geduldiger, ruhiger, geradezu engelsgleicher täglicher Bemühungen schaffte sie das auch. Ich wollte den Polizisten keinen Ärger machen, aber ich war faul und dachte, irgendwann würden sie schon mürbe werden. Sie dachten wahrscheinlich dasselbe von mir, und genau so kam es dann auch.

Man darf in Berlin keine instabilen, unsicheren oder unansehnlichen Häuser bauen. Das Ergebnis ist diese attraktive und auffallend würdevolle Stadt, in der man vor Brandkatastrophen und einstürzenden Häusern sicher ist. Sie ist aus architektonischen Gibraltars erbaut. Die Bauaufsichtsbehörden kontrollieren neue Häuser schon während der Bauphase. Man hat herausgefunden, dass dies besser ist als zu warten, bis das Haus einstürzt. Diese Leute haben ihre Launen. Es ist verboten, arme Leute in überfüllte und schmutzige Mietshäuser zu stecken. Jedem Bewohner steht eine gewisse Zahl von Quadratmetern zu, die sanitären Anlagen werden systematisch und häufig inspiziert.

Alles ist ordentlich. Die Feuerwehr marschiert in Reih und Glied, in kuriosen Uniformen, und ihr Auftreten wirkt so streng als sei sie die Heilsarmee und überzeugt, sich schwer versündigt zu haben. Ich habe dazu Folgendes gehört: Wenn die Feueralarmsirene ertönt, versammeln sich die Feuerwehrleute ganz ruhig, nennen ihre Namen, wenn die Anwesenheitsliste verlesen wird und begeben sich dann zum Brandort. Dann werden sie wie beim Militär ihren Einheiten zugewiesen und der Chef teilt ihnen bestimmte Aufgaben zu, um das Feuer zu löschen. All dies geschieht in aller Ruhe, und Fremde könnten glauben, diese Leute seien mit einer Beerdigung beschäftigt. In diesen großen Häusern beschränkt sich das Feuer immer auf eine einzelne Etage, und daher reagieren die übrigen Bewohner des Hauses ziemlich gleichgültig darauf.

In Berlin gibt es Tageszeitungen im Überfluss, und früher gab es sogar einen Zeitungsausträger, der aber inzwischen verstorben ist. An den großen Straßen gibt es jede halbe Meile einen Kiosk, und dort kauft man seine Zeitungen. Es gibt auch viele Theater, aber sie machen keine lautstarke Werbung für sich. Es gibt keinerlei große Plakate mit Bildern von Schauspielern und Ankündigungen in riesigen Lettern in Regenbogenfarben. So etwas ist hier unbekannt. Und wenn es große Showplakate gäbe, dann könnte man sie nirgends anbringen, denn Plakatzäune gibt es nicht, und sie einfach an Mauern zu kleben wäre nicht erlaubt. Unansehnliche Dinge sind hier verboten. Berlin ist eine Erholung für das Auge.

Wer durch die Stadt bummelt, kann aber dennoch problemlos erfahren, was in den Theatern geboten wird. Über die ganze Stadt verstreut gibt es in kurzen Abständen saubere runde Säulen, die aussehen wie sechs Meter hohe große Fässer. Dort werden die kleinen schwarz-weißen Theaterplakate und andere Notizen angeklebt. Meist steht um jede Säule eine Gruppe von Leuten herum, die diese Dinge lesen. In Berlin gibt es viele Dinge, die es wert wären, nach Amerika exportiert zu werden. Aber diese Säulen wollte ich gesondert erwähnen. Als sich Buffalo Bill hier aufhielt war sein größtes Plakat wahrscheinlich nicht größer als der Deckel eines gewöhnlichen Koffers.

Es gibt eine Vielzahl sauberer und bequemer Straßenbahnen, die von Pferden gezogen werden; aber immer, wenn man zu wissen glaubt, wohin eine Bahn fährt, sollte man besser aussteigen, denn die Bahn fährt dort bestimmt nicht hin. Die Routen sind bestaunenswert kompliziert; oft verirren sich sogar die Fahrer, und man hört dann jahrelang nichts mehr von ihnen. Die Zeichen auf den Waggons verraten nichts über die Richtung der Fahrt; sie nennen nur die Endstation. Dann experimentieren die Fahrer herum, um herauszufinden, welches Gebiet sie abdecken können, bis die Endstation erreicht ist. Der Fahrer sammelt alle paar Meilen das Fahrgeld ein und gibt einem ein Ticket, über das er offensichtlich keinerlei Aufzeichnungen hat. Das Ticket behält man, bis ein Kontrolleur einsteigt und eine Ecke davon abreißt (die er nicht behält). Dann wirft man das Ticket weg und bereitet sich darauf vor, ein neues zu kaufen. Das Gehirn bietet keine Hilfe, wenn man versucht, in Berlin mit der Pferdebahn zu fahren. Als der beste Redakteur aus Brooklyn hier zu Gast war, stieg er am frühen Morgen in eine Pferdebahn ein, um zu einem bestimmten Punkt in der Stadtmitte zu gelangen. Er war den ganzen Tag unterwegs, gab viele Dollars für Fahrscheine aus und gelangte nie an den Ort, zu dem er hinwollte. Das ist die gründlichste Methode, Berlin zu besichtigen, aber es ist auch die teuerste.

Trotzdem hat das Pferdebahnsystem auch hervorragende Eigenschaften. Die Bahn hält nicht an, um einen ein- oder aussteigen zu lassen, mit Ausnahme mancher Stationen im Abstand von ein, zwei Wohnblocks, wo Schilder anzeigen, dass es sich um eine Haltestelle handelt. Dieses System vermeidet viele Knochenbrüche. Im Waggon gibt es zwanzig Plätze. Wenn sie besetzt sind, darf niemand mehr einsteigen. Auf jeder Plattform dürfen vier oder fünf Personen stehen – die Zahl ist gesetzlich vorgeschrieben –, und wenn diese Stehplätze alle besetzt sind, wird der nächste Bewerber abgewiesen. Weil es kein Gedränge gibt und Rowdytum verboten ist, können Frauen ebenso wie Männer auf den Plattformen stehen. Sie stehen oft dort, obwohl es im Wageninneren noch freie Sitzplätze gibt, denn diese Stehplätze sind bequem, man wird dort kaum oder überhaupt nicht durchgerüttelt. Ein geborener Berliner hat mir Folgendes erzählt: Als vor dreißig oder vierzig Jahren die erste Pferdebahn in Betrieb genommen wurde, fühlten sich die Leute weder im Waggon noch außerhalb des Waggons sicher, so sehr fürchteten sie sich. Das Betreiberunternehmen musste an jeder Kreuzung einen Mann mit einer roten Flagge in der Hand platzieren. Niemand wollte in den Waggons fahren, außer Verurteilte auf dem Weg zum Galgen. Damit verdiente man nur in einer Fahrtrichtung Geld, und die Bahn musste leer zurückfahren. Um das Unternehmen vor dem Konkurs zu retten, verlegte die Stadtverwaltung den Friedhof der Verurteilten an die entgegengesetzte Endstation der Bahnlinie. So gab es Verkehr in beiden Richtungen und das Unternehmen wurde vor der Pleite bewahrt. Allerdings, das klingt wie das Zeug, das man ausländischen Reisenden in Amerika erzählt; meines Erachtens wirkt das ein wenig unglaubwürdig.

Der Waggon der ersten Klasse ist ordentlich und gepflegt; er hat Ledersitze und ein schnelles Pferd. Der Waggon der zweiten Klasse ist ein hässliches, schäbiges Vehikel, und er ist immer alt. Eigentlich seltsam, dass man nie neue Waggons gebaut hat. Wenn das aber geschähe, würde jeder, der Zeit hat, herangelaufen kommen, um sie zu sehen. So würde sich eine Massenansammlung ergeben – und die Polizei schätzt weder Menschenmengen noch Unordnung. Gäbe es in Berlin ein Erdbeben, dann würde sich die Polizei darum kümmern und es so ordentlich abwickeln, dass man glauben könnte, es handle sich um eine Gebetsversammlung. So endet ein Erdbeben meistens, aber dieses würde sich von allen anderen unterscheiden; es wäre sanft, ganz still für sich, so als würde ein Republikaner für einen Abtrünnigen beten.

Für eine Fahrt (eine Viertelstunde oder weniger) zahlt man in der ersten Klasse fünfundzwanzig Cents und in der zweiten fünfzehn Cents. In der ersten Klasse ist man schneller unterwegs, denn das Pferd in der zweiten Klasse ist alt – es ist immer alt; so alt wie die Waggons, sagen die Behörden –, zudem ist es nicht gut genährt und schwach. Früher war es ein Pferd für die erste Klasse, aber zum Dank für seinen langen und treuen Dienst hat man es zum Pferd zweiter Klasse degradiert. Dennoch muss es die Fahrgäste für fünfzehn Cents ebenso weit befördern wie das andere Pferd es für fünfundzwanzig Cents tut. Wenn es seine Fünfzehn-Minuten-Distanz nicht in fünfzehn Minuten bewältigt, muss es sie dennoch für fünfzehn Cents zurücklegen. Jeder Fremde kann die Distanz abschätzen – mit Hilfe der kuriosesten Straßenkarte, die ich kenne. Sie wird von der Stadtverwaltung herausgegeben, und man kann sie billig in jedem Laden kaufen. Darin ist jede Straße wie eine lange Perlenkette in verschiedene Farben unterteilt. Jede Perle steht für eine Fahrtdauer von einer Minute, nach fünfzehn Perlen hat man das Geld für die Fahrkarte aufgebraucht. Diese Straßenkarte von Berlin ist ein Labyrinth aus bunten Farben; sie sieht aus wie eine Darstellung des Blutkreislaufs.

Die Straßen sind sehr sauber. Sie werden nicht durch Gebete, Gerede und andere in New York übliche Methoden sauber gehalten, sondern durch tägliche und stündliche Arbeit mit Kratzern und Besen. Wenn eine asphaltierte Straße nach einem Regenguss oder leichtem Schneefall gereinigt worden ist, streut man sauberen Sand darauf. Das verhindert, dass Pferde ausrutschen und hinfallen. In der Tat scheint die Stadtverwaltung an nichts zu sparen, wenn es um Bequemlichkeit, Komfort und Gesundheit geht – mit Ausnahme einer Kleinigkeit. Damit meine ich die Benennung der Straßen und die Hausnummern. Manchmal ändert sich der Name einer Straße mitten in einem Wohnblock. Das findet man nur heraus, wenn man bis zur nächsten Ecke geht, den neuen Namen an der Wand liest, und natürlich weiß man es nicht, wenn die Namensänderung gerade erst erfolgt ist.

Die Straßenschilder sind an den Straßenecken befestigt – an allen Ecken –, da gibt es keine Ausnahmen. Was die Hausnummern betrifft: So etwas hat es seit dem Chaos zu Anbeginn der Welt nicht mehr gegeben. Diese kluge Stadtverwaltung kann das unmöglich veranlasst haben. Zunächst denkt man, dies sei das Werk eines Idioten, aber dafür ist die Sache zu abwechslungsreich. Ein Idiot könnte sich nicht so viele Methoden ausdenken, Konfusion zu schaffen und Blasphemie zu verbreiten. Die Hausnummern verlaufen auf der einen Straßenseite von unten nach oben und auf der anderen von oben nach unten. Das ist noch erträglich, aber der Rest ist es nicht. Manchmal wird die gleiche Nummer für drei oder vier Häuser verwendet, manchmal schraubt man sie nur an eines der Häuser, und was die anderen betrifft, darf man raten. Manchmal gibt man einem Haus zum Beispiel die Nummer 4, dann geht es weiter mit 4a, 4b, 4c, und man wird alt und gebrechlich, bis man endlich Haus 5 gefunden hat. Dieses systemlose System führt dazu, dass man, wenn man die Hausnummer 1 einer Straße erreicht hat, niemals weiß, wie weit es bis Nummer 150 ist. Es können nur sechs oder acht Straßenblocks sein, vielleicht aber auch eine Entfernung von mehreren Meilen. Die Friedrichstraße ist lang; sie ist eine der großen Durchfahrtsstraßen. Vor kurzem wettete ein Mann sein Geld darauf, dass es in dieser Straße mehr Kneipen als Häuser gibt – und er gewann. Es gibt 254 Häuser und 257 Kneipen. Aber wie ich schon sagte: Es handelt sich um eine lange Straße.

Das Schlimmste an dieser komplizierten Angelegenheit ist allerdings, dass in Berlin nicht alle Hausnummern in eine bestimmte Richtung verlaufen. Nein, sie reichen vielleicht bis 50 oder 60, und dann ist man plötzlich bei Nummer 140. Dann kommt 139 und man merkt plötzlich, dass die Hausnummern nun in die entgegengesetzte Richtung verlaufen. Dieser Wahnsinn dauert an, solange man die Straße entlang geht. Immer mal wieder dreht sich die Richtung der Hausnummern. Unter der Nummer ist stets ein Pfeil, der die Richtung anzeigt. In Berlin gibt es viele Selbstmorde; einmal gab es sechs an einem einzigen Tag. Über die Gründe dieses Phänomens gibt es immer gelehrte, umständliche Diskussionen. Wenn die Berliner einmal ihre Häuser vernünftig nummerieren, finden sie die wahren Gründe vielleicht heraus.

Vor mehr als einem Monat begann Berlin, die Feierlichkeiten zu Professor Virchows siebzigsten Geburtstag vorzubereiten. An seinem Geburtstag Mitte Oktober hatte ich den Eindruck, dass die gesamte Welt der Wissenschaft in die Stadt kam. Eine Abordnung nach der anderen überbrachte ihm ihre Ehrerbietung und die Glückwünsche aus weit entfernten Städten und Universitäten. Einen ganzen langen Tag saß der Held da und nahm Bezeugungen seiner Größe entgegen, wie sie im Lauf der Geschichte kaum einem anderen Mann dargebracht worden sind. In der einen oder anderen Form setzte sich das Tag für Tag fort und vermischte sich schließlich mit ähnlichen Ehrungen für Professor Helmholtz, seinen Zwilling, was wissenschaftliche Leistungen und Errungenschaften betrifft. Er feierte nur etwa drei Wochen nach Virchow seinen siebzigsten Geburtstag, so als wären diese beiden außergewöhnlichen Männer zusammen zur Welt gekommen. In der Geschichte der Menschheit gab es nur selten zwei solche Geburten im selben Jahr.

Aber vielleicht war die letzte und abschließende Ehrerweisung besonders angenehm für sie. Es war ein Kommers zu ihren Ehren mit tausend Studenten. Er wurde in einer riesigen Halle abgehalten, sehr lang und sehr hoch, mit fünf Galerien, in denen meiner Schätzung nach vier- bis fünfhundert Damen saßen. Die Halle war wundervoll mit Fahnen und verschiedenen Ornamenten geschmückt und brillant erleuchtet. Auf dem weitläufigen Hallenboden reihten sich zahllose Tische aneinander, jeder für vierundzwanzig Personen. Sie reichten von einem Ende der großen Halle bis zum anderen, dazwischen gab es schmale Gänge. In der Mitte der einen Seite stand eine geschmackvoll dekorierte, sieben oder zehn Meter lange Plattform mit einem langen Tisch darauf. Dort saßen die sechs Korpschefs des Kommerses in den reich geschmückten, mittelalterlichen Uniformen ihrer Studentenverbindungen. Dahinter verborgen saß eine Musikkapelle. Direkt vor dieser Plattform standen ein halbes Dutzend Tische, die im Gegensatz zu allen anderen Tischen gedeckt waren. Einer dieser Tische in der Mitte der Halle war für die beiden Helden des Tages und zwanzig besonders herausragende Professoren der Berliner Universität reserviert. An den anderen gedeckten Tischen saßen etwa hundert weniger herausragende Professoren.

Ich freute mich über die Ehre, am Tisch der beiden Helden sitzen zu dürfen, obwohl ich nicht gelehrt genug war, um das zu verdienen. In dieser Gesellschaft zu sein war für mich auf angenehme Weise seltsam. Ich saß mit dreiundzwanzig Männern am Tisch, die jeden Tag mehr vergaßen als ich jemals gewusst habe. Dennoch war die Situation nicht peinlich, denn gelehrte und nicht gelehrte Männer sehen ja ungefähr gleich aus. Ich wusste, dass meine Tischgenossen mich für einen Professor hielten. Es war nicht sehr anstrengend, die Haltung dieser Männer zu übernehmen und sie zu imitieren. Es war also nicht schwierig, ebenso professoral auszusehen wie alle anderen am Tisch. Wir kamen früh. So früh, dass nur die Professoren Virchow und Helmholtz und ein Dutzend Gäste an den gedeckten Tischen schon anwesend waren – dazu etwa drei- oder vierhundert Studenten. Aber nun strömten die Leute herein, und innerhalb von fünfzehn Minuten waren alle Tische mit Ausnahme der gedeckten besetzt. Die große

Halle war zum Bersten gefüllt, auch die Gänge. Ich hörte, dass viertausend Gäste gekommen waren. Die Szene war zweifellos sehr belebt; wie ein gewaltiger Bienenstock. An beiden Enden sämtlicher Tische standen Korpsstudenten in den Uniformen ihrer Verbindungen. Diese eigenartigen Kleidungsstücke sind aus Seiden- und Samtstoffen in leuchtenden Farben geschneidert. Dazu gehört manchmal ein hoher, mit Federn geschmückter Hut, manchmal eine breite schottische Kappe, um die eine große Feder gebunden ist und meistens eine kleine, flache Kappe aus Seide, die aussieht wie eine umgedrehte Untertasse. Die Hosen sind manchmal schneeweiß, manchmal auch von anderer Farbe. Die Stiefel reichen immer bis weit über die Knie und stets werden weiße Handschuhe getragen. Dazu trägt man einen Säbel mit einem schüsselförmigen Handschutz in verschiedenen Farben.

Jedes Korps hat seine eigene Uniform; alle Uniformen sind aus wertvollen Stoffen, haben brillante Farben und sehen äußerst pittoresk aus. Sie sind die Überlebenden der verschwundenen Kleidungsstücke des Mittelalters und führen uns noch einmal die Zeit vor Augen, als Männer ein schöner Anblick waren. Der Student, der an unserem Tischende Wache stand, schaute ernst drein, war groß gewachsen und bewahrte stets Haltung. Zweifellos war er – Kleidung und so weiter – die exakte Reproduktion eines seiner Vorfahren von vor zwei oder drei Jahrhunderten, soweit das vom Äußeren her möglich ist.

Wie schon erwähnt war die Halle jetzt überfüllt. Der nächstgelegene Durchgang war voller Studenten, die nicht saßen, sondern standen und die Sicht auf den Rest der Halle damit behinderten. So weit man sehen konnte, blickten alle diese anständigen jungen Männer in dieselbe Richtung. Alle diese aufmerksamen und verehrungsvollen Augen konzentrierten sich auf einen Punkt – den Platz, an dem Virchow und Helmholtz saßen. Die jungen Leute schienen ganz in Gedanken verloren und sich ihrer eigenen Existenz gar nicht mehr bewusst zu sein. Sie verschlangen diese beiden Geistesriesen mit den Augen, als handle es sich um ein Festmahl, und die Verehrung in ihren Herzen spiegelte sich auf ihren Gesichtern wider. Ich dachte mir, dass ich lieber von solchem Ruhm überströmt wäre – Instinkt gepaart mit Aufrichtigkeit, ohne sich selbst in den Vordergrund zu drängen – als hundert Schlachten zu gewinnen und eine Million Herzen zu brechen. Vor jedem von uns stand ein großer Krug Bier, das auf Wunsch ständig nachgeliefert wurde. Dort lag auch ein Heft im Quartformat mit den Texten der Lieder, die an diesem Abend gesungen wurden. Nach den Namen der Festvorstände stand in großen Lettern darin:

»Während des Kommerses herrscht allgemeiner Burgfriede.«

Ich verstand das nicht recht, aber ein Professor half mir. Seine Erklärung lautete: Die uniformierten Studenten gehörten verschiedenen Korps an, und diesen Korps treten nur Studenten bei, die gerne fechten. Die Korpsstudenten tragen jede Woche Duelle mit Säbeln aus. Eine Verbindung fordert eine andere heraus, eine bestimmte Anzahl von Duellanten zu stellen, und nur bei diesen Kämpfen tauschen diese Studenten aus verschiedenen Korps Höflichkeiten aus. Ansonsten trinken oder sprechen sie nicht miteinander. Nun ist klar, wie die genannte Zeile gemeint ist: Beim Kommers herrscht Waffenstillstand; der Krieg wird unterbrochen und die Kameradschaft nimmt seinen Platz ein.

Nun begann die Veranstaltung. Die Kapelle spielte einen Marsch, dann gab es eine Pause. Die Studenten auf der Plattform erhoben sich; der Student in der Mitte ließ den Kaiser hochleben, dann standen alle Gäste mit ihren Bierkrügen in der Hand auf. Auf das Kommando »Eins, zwei, drei!« wurden die Krüge ausgetrunken und dann alle gleichzeitig krachend auf den Tischen abgesetzt. Es klang wie Donnerhall. Nun wurde eine Stunde lang gesungen – ein mächtiger Chor.

Zwischen den einzelnen Liedern kamen einige Ehrengäste – die Professoren. Offenbar wurde den Studenten auf der Plattform signalisiert, dass an der weit entfernten Eingangstür ein Professor angekommen war. Dann standen sie plötzlich auf, nahmen eine aufrechte, militärische Haltung ein und zogen die Säbel. Die Säbel aller ihrer Korpskameraden an den unzähligen Tischen wurden aus den Scheiden gezogen und nach oben gestreckt – ein hübscher Anblick. Dann spielte ein Horn drei Töne, alle Säbel wurden zwei Mal kräftig auf die Tische geschlagen und dann wieder nach oben gehalten. Weit entfernt konnte man die bunten Uniformen und die nach oben gereckten Säbel einer Ehrengarde erkennen, die den Weg frei machte und den Gast zu seinem Platz geleitete. Die Lieder waren bewegend, die immense Stimmkraft junger Menschen und junger Lungen, das Krachen der Säbel und das Donnern der Bierkrüge führten den Körper allmählich bis zum scheinbaren Gipfel der Erregung. Ich war mir sicher, diesen Gipfel und meine Grenzen auf diesem Gebiet erreicht zu haben und wünschte mir keine Steigerung. Als scheinbar auch der letzte wichtige Gast längst seinen Platz eingenommen zu haben schien, erklangen diese drei Hornklänge noch einmal, und wieder wurden die Säbel aus ihren Scheiden gezogen.

Wer mochte dieser späte Gast sein? Niemand wollte sich darüber erkundigen. Dennoch richteten sich gleichgültige Blicke zum weit entfernten Eingangstor. Wir sahen den seidenen Glanz und die erhobenen Säbel einer Ehrengarde, die sich ihren Weg durch die vielen Tischreihen bahnte. Dann sahen wir, wie sich an diesem Ende der Halle alle Gäste von ihren Plätzen erhoben; diese Bewegung setzte sich wie eine Welle durch das ganze Gebäude fort. Diese höchste Ehre war zuvor noch niemandem zuteil geworden. Dann hörte man an unserem Tisch ein erregtes Flüstern – »Mommsen!« – und das ganze Haus erhob sich. Die Gäste erhoben sich, stießen Rufe aus, stampften mit den Füßen, applaudierten und schlugen ihre Bierkrüge auf die Tische. Es war einfach wie ein Sturm! Dann ging der kleine Mann mit den langen Haaren und den Gesichtszügen wie Ralph Waldo Emerson an uns vorbei und setzte sich auf seinen Platz. Ich hätte ihn mit der Hand berühren können – Mommsen! –, stellen Sie sich das vor!

Es war eine dieser ungeheuren Überraschungen, die nur ganz selten im Leben passieren können. Ich hätte mir das nicht träumen lassen; für mich war er nur ein gigantischer Mythos, ein die Welt überschattender Geist, aber kein realer Mensch. Vielleicht kann man das nur damit vergleichen, wenn ein Mensch plötzlich vor dem Mont Blanc steht, der bis in den Himmel zu ragen scheint, während dieser Mensch gar nicht damit gerechnet hatte, dass der Berg in der Nähe sein könnte. Ich wäre viele Meilen gegangen, um Mommsen einmal zu sehen, und da war er, ohne dass ich mich anstrengen musste, ohne dass es mich etwas kostete. Da war er, gekleidet in eine titanische, täuschende Bescheidenheit, die ihn aussehen ließ wie andere Männer auch. Da war er und trug die römische Welt mit sämtlichen Cäsaren im Kopf, so wie dieses andere geniale Gewölbe, der Schädel des Universums, die Milchstraße und die Sternbilder in sich birgt.

Einer der Professoren sagte, man habe Mommsen einmal eine junge Dame aus Amerika vorgestellt; sie erschrak sehr und war sprachlos. Sie fürchtete, dass er etwas sagen würde, denn sie rechnete damit, dass er ein Thema wählen würde, das weit über ihrem Begriffsvermögen lag. Sie glaubte nicht, dass er sich in die Welt herablassen könnte, in der andere Menschen lebten, aber als seine Bemerkung kam, verschwand ihr Schrecken.

»Wie geht es Ihnen? Haben Sie Howells letztes Buch gelesen? Ich halte es für sein bestes.«

Die offiziellen Feierlichkeiten des Abends endeten mit den Begrüßungsansprachen zweier Studenten und den Erwiderungen der Professoren Virchow und Helmholtz.

Virchow ist schon seit langer Zeit Mitglied der Berliner Stadtregierung. Er arbeitet ebenso hart für die Stadt wie jeder andere Berliner Ratsherr und erhält dafür auch die gleiche Bezahlung – nichts. Ich weiß nicht, ob wir in Amerika wagen könnten, unsere berühmtesten Bürger zu bitten, in einem Stadtratsgremium zu arbeiten – und wenn wir es wagten, dann bin ich nicht wirklich sicher, ob wir sie auch wählen könnten. Aber hier ist das kommunale System so gestaltet, dass die besten Männer der Stadt es für eine Ehre halten, gratis als Stadträte zu arbeiten, und die Menschen sind vernünftig genug, sie Jahr für Jahr zu wählen. Das Resultat: Berlin ist eine durch und durch gut regierte Stadt. Es ist eine freie Stadt; der Staat mischt sich nicht in ihre Angelegenheiten ein. Diese werden von den eigenen Bürgern so verwaltet, wie sie selbst es für richtig halten.

Die deutsche Presse über Mark Twains Berlin-Aufenthalt

Mark Twain in Berlin

NATIONAL-ZEITUNG VOM 15. NOVEMBER 1891

Von den drei amerikanischen Humoristen, deren Werke in guten Übersetzungen dem deutschen Lesepublikum vermittelt worden sind, beherrscht in diesem Augenblick hauptsächlich John Habberton das Interesse. Die lange Reihe der Heftchen, in denen er die Schicksale von Helenens Kinderchen, von Bob und Tedd von ihrem zartesten Alter an bis sie schon größere Plagegeister geworden, schildert, haben auf ihrer Wanderung durch tausende von Käufern immer dasselbe Schicksal gehabt: Lachen zu erwecken, fröhliches, herrliches, schallendes Lachen, das anstrengend wirkte. John Habberton wurde ein willkommener Gast, wo immer man seine Bekanntschaft gemacht hatte und er verdankte diesen Erfolg der photographischen und mikroskopischen Treue, mit der er uns das Kinderherz und das Kindergemüth und die das kleine Köpfchen erfüllenden Gedanken wiedergiebt. Allerdings um das zu können, muß man selbst mit den Augen des Kindes sehen und mit dem Herzen des Kindes fühlen können.

Nicht minder waren die Erfolge, die vor ihm Bret Harte in Deutschland errang, wenn auch durch andere Mittel. Zunächst war die Welt, in die Bret Harte uns einführte, eine uns fremde und deshalb fesselnde. Wie die Indianergeschichten auf die Kinderwelt, so wirkten die Schilderungen der Kämpfe, welche die Pioniere gegen die Wildniß und unter sich zu bestehen hatten, auf die Phantasie. Aber nicht allein das Stoffgebiet, auch seine Behandlung erregten bald Bewunderung.

Wenn er uns schonungslos das Menschenmaterial vorführte, aus dem sich die Anfänge einer neuen Ansiedelung zusammensetzten und nicht verschwieg, daß fast ausschließlich die Zuchthäusler dazu beigetragen, unter allen Umständen aber der Bankerott eines ganzen Lebens vorausgegangen sein mußte, bis man die Reife für die kalifornische Mine beanspruchen konnte, so suchte er gerade nun erst recht darzuthun, daß das Menschliche auch in verkommensten Menschen nicht völlig ertötet werden kann. Seine Schilderungen schlagen bei aller Derbheit doch Gemüthstöne an und man sieht förmlich, wie aus dem Sumpf in der harten Schule des Lebens sich die Bande wieder entwickeln, die an die Zivilisation anknüpfen. Der raue Hintergrund dieses Lebens ist es, der jede menschliche Regung doppelt eindrucksvoll gestaltet.

Wesentlich anders als der Humor Gabbertons und Bret Hartes ist der von Mark Twain. Hier haben wir den Vater einer ganzen schriftstellerischen Schule vor uns, den Erzieher seines Volkes durch die Geißelung seiner Schwächen. Seine Waffen sind Spott und Hohn, durch die beabsichtigte und erkennbare Übertreibung führt er seinen Landsleuten, die gewohnt sind, an alles einen ins Riesige gewachsenen Maßstab anzulegen, ihre Schwächen vor die Augen. Er ist ein Satyriker, der sich den Don Quijote zum Muster genommen hat. Aber während man seine Übertreibungen lachend liest, erkennt man sofort den berechtigten Kern seiner in diese eigenartige Form gekleideten Kritik. Im Gegensatz zu den Anderen, die vorwiegend Schriftsteller sind und die Novelle als ihr eigenstes Feld betrachten, ist Mark Twain Journalist geblieben und daran ändert auch nichts, daß er mit einer Reihe seiner Erzählungen bedeutende Erfolge erzielte. Denn auch in ihnen knüpft er an das Tagesereignis an; was die Stunde bringt, ist und bleibt der Ausgangspunkt seiner Schilderungen. Eines seiner bekanntesten Werke, die »Innocents Abroad« schildert die Touristenfahrt einer großen Anzahl Amerikaner nach Palästina und giebt ihm doppelte Gelegenheit, seine Peitsche zu schwingen, einmal über seine Landsleute und Reisegefährten, dann sie auf Land und Leute fallen zu lassen, die er unterwegs kennen lernte.

Seit einigen Wochen nun weilt Mark Twain in Berlin. Wer ihn nur aus seinen Schilderungen der Kentuckyer Redaktionsräume kennt, in denen der Redakteur bis an die Zähne bewaffnet, den Revolver in der rückseitigen Tasche seines Beinkleids, das Bowiemesser im Gürtel, mit seinen Abonnenten verkehrt, dem mag er wohl vorschweben als ein sehniger, kräftiger Mann von dem bekannten Neu-England-Typus, schnell und rasch im Urtheil, energisch im Handeln, vielleicht auch rücksichtslos im Auftreten. Umso überraschender ist es, in ihm einen Mann zu finden, der in Allem das gerade Gegenteil von dem ist, was man vermuthet.

Mark Twain – dessen bürgerlicher Name Samuel Clemens ist – ist nach Berlin gekommen mit Frau und Kindern, herangewachsenen jungen Damen und Herren, die sehr unauffällig sind, um ihnen hier Gelegenheit zum Hören guter Musik zu geben. Man sei, so sagte er, gezwungen, nach Berlin zu gehen, wenn man auf gute Instrumentalmusik Werth lege, denn es sei anerkannt, daß Berlin dazu vor allen Orten der Welt die meiste Gelegenheit biete. So hat er sich denn auch häuslich auf längere Zeit eingerichtet, hat in einer möglichst ruhigen Straße, der Körnerstraße, sich nach amerikanischer Weise eine große Wohnung leihweise einrichten lassen, von den Möbeln und dem Bilderschmuck bis hinab zum letzten Topfe in der Küche und der Serviette im Schranke, und macht nun seine Studien, die, wie leicht zu vermuthen und wie er auch nicht bestreitet, höchst wahrscheinlich in einem Werkchen über Berlin zum Vorschein kommen werden. In liebenswürdiger Weise tritt er dem Besucher entgegen: ein mittelgroßer schlanker Herr, mit etwas schwächlichem Körper, auf dem ein von dichtem, bauschigem und lange schon ergrautem

Haar umrahmter Kopf sitzt, dessen Schnurrbart aber noch das ehemalige dunkelblond vollständig erkennen läßt. Die Augenbrauen sind mächtig gewölbt, die Lippen dünn und fein geschnitten. Auf den ersten Blick erkennt man den Denker. Zur Begrüßung streckt er die linke Hand entgegen: Die rechte, so sagt er, will ihm nicht gehorchen, trotzdem er den Arm acht Wochen lang in Aix-les-bains in die heißen Thermen getaucht hat, die ihm den Rheumatismus vertreiben sollten. Er hofft, daß unter Professor Gerhards Behandlung es ihm wieder besser gehen wird. Einstweilen macht er es wie die Teilnehmer der Echternacher Springprozession: einen Schritt vorwärts per Tag und dann wieder zwei zurück. Am meisten beklagt er, daß ihm verwehrt wird, sich Eintragungen in sein Notizbuch zu machen.

Die Widerhaarigkeit seines Armes rührte von Überarbeitung her. Von einem Tage im Februar dieses Jahres an gerechnet habe er 72 Tage ununterbrochen an einer Novelle geschrieben, welche demnächst in einer Reihe von englischen und amerikanischen Zeitungen gleichzeitig erscheinen werde und den Titel führe »The American Claimant« – der amerikanische Prätendent. Er geißelt darin die in der Union neuerdings stark auftretende Manier, vermeintliche Ansprüche aus Vermögen, Titel, Landsitze geltend zu machen, eine Sucht, die seit dem Fall Tichhorne nie ganz aufgehört und in jüngster Zeit stark zugenommen hat.

»Wie lange gedenken Sie in Berlin zu bleiben«, fragte ich ihn, ehe ich erfahren hatte, daß er sich häuslich eingerichtet hat. »Bis Eure Steuern mich wieder hinaustreiben«, lautete seine Antwort, langsam und bedächtig.

So kam in dem Dichter auch gleich der kaufmännisch denkende Amerikaner zum Ausdruck. Er war erst kurze Zeit in Berlin, aber er war bereits unterrichtet, daß ein neues Einkommensteuergesetz in Kraft treten wird und daß es einen Paragraphen enthält, der sich besonders mit den Ausländern beschäftigt. Es war ihm eine willkommene Beruhigung, daß er sich geraume Zeit unbehelligt aufhalten darf, ehe man seine Golddollar in steuerpflichtige Marktsünde umsetzen wird.

»Das freut mich«, sagte er, »denn es beseitigt ein Vorurtheil, das ich hatte. Man hatte mir gesagt, daß ich sofort zur Steuer herangezogen werden würde. Nicht, daß ich wegen des Geldes etwas dagegen einzuwenden hätte, Gott bewahre. Man gibt auf Reisen so viel aus, daß das wirklich keine Rolle spielt. Aber es ist wegen des bösen Eindrucks. Der Fremde sollte bei vorübergehendem, auch ausgedehnterem Aufenthalte überhaupt kein Steuerobjekt sein. Er macht sich nicht lästig, er hat gar nicht den Wunsch, sich lästig zu machen, im Gegentheil, er will es sich angenehm machen und thut es, indem er dem Lande etwas bringt. Macht er sich dennoch lästig, so reichen die Gesetze aus, um ihn zur Besinnung zu bringen. Aber im Allgemeinen sollte er ein willkommener Gast sein.«

Er unterbrach sich einen Augenblick, weil auf der Straße ein großer Hund bellte.

»Hören Sie«, sagte er, »diesen Hund. Den kenn ich schon. Das ist ein Bassist und der Chorführer. Jetzt wartet er noch einige Augenblicke, dann hat er Gesellschaft. Es scheint das ein organisierter Hunde-Gesang-Verein in dieser Straße zu sein. Richtig, da ist schon der zweite Tenor. Ich bin, wie meine Anwesenheit in Berlin darthut, ein Musikfreund. Aber ich war auf diese Genüsse in der ruhigen Straße nicht gefaßt. Und um auf die Besteuerung der Fremden zurückzukommen, das ist es, was ich vorschlagen würde: Man nehme den Fremden alle Steuern ab und bürde sie den Hunden auf. Da haben Sie einen doppelten Nutzen. Sie ziehen die Fremden an, die Sie brauchen können, und werden die Hunde los, die Sie nicht brauchen.« Er war mittlerweile ans Fenster getreten: »Da läuft solch' ein Köter herum und bedroht die Kinder mit seinen tollen Sprüngen. Um die Schnauze hat man ihm einen

Maulkorb gelegt, der ihn wohl am Fressen, aber nicht am Beißen hindert.«

»Sie scheinen kein großer Freund von Hunden zu sein«, warf ich schüchtern ein, denn mir schwebten seine Schilderungen vor, wie man in Kentucky Meinungsverschiedenheiten zu erledigen pflegt.

Doch mehr als das, was er sagte, interessierte mich wie er es sagte. Während er sprach ging er mit langsamen Schritten im Zimmer auf und ab, ohne sich je zu setzen, eine volle Stunde lang. Jedes Wort langsam, bedächtig, mit Pausen zwischen den Worten heraus. Es gibt wenige Menschen, die so langsam sprechen, und man merkte ihm an, wie er gewohnt ist, jeden Gedanken zu prägen, wenn ich sagen darf, druckfertig zu stellen, ehe er ihn ausspricht.

Er habe von Berlin noch wenig gesehen, sein Leiden habe ihn verhindert viel auszugehen. Aber was er gesehen, habe ihm viel Freude gemacht. Er habe noch wenig Anlaß zur Kritik gehabt – d. h. wenig gefunden, an dem er Anstoß nehme.

»Das allerdings«, bemerkte ich, »wird für ein Buch über Berlin erschwerend sein.«

»Dann bleibt ein solches Buch eben besser ungeschrieben«, lautete seine Antwort. »Nichts erscheint mir unberechtigter und verdammenswerter, als wenn jemand etwa nur um deshalb ein herbes Urtheil, und sei es in satirischer Form, fällen wollte, weil es ihn kitzelt, zu verletzen oder weil er meint, durch seine Derbheit anderen eine Freude zu machen. Ich würde sogar von jeder Kritik da Abstand nehmen, wo ich meinen dürfte, der Kritisierte verlange nicht zu hören, was ich über ihn meine, und werde sich nicht daran kehren. Das Leben ist zu wertvoll, um es in unfruchtbarer Arbeit zu vergeuden. Wozu so viel gutes Papier, gute Tinte, besser angewendete Zeit verthun, um ein Nichts. Wer besonders in ein fremdes Land geht, um seine Meinung über seine Wahrnehmungen auszusprechen, darf es nur in der Absicht und in der

Überzeugung thun, daß man herausfühlt, wie der Schreiber es wohl meint und daß man empfindet, wie er die berechtigten Eigenthümlichkeiten eines jeden Landes respektiert. Das ist aber gerade – und ich spreche es frei aus –, was uns Amerikaner oft so verdrießt, wenn ihr Europäer zu uns hinüberkommt, unsere Gastfreundschaft genießt, den Schutz unserer Gesetze, und wenn dann in den Reisebeschreibungen mit unverkennbarem Hochmuth über das, was leicht in die Augen springt und was fremdartig berührt, abgeurtheilt wird, ohne daß man sich die Mühe giebt, den Dingen auf den Grund zu gehen. Als ein Gast aber muß sich Jeder betrachten, der in ein fremdes Land geht und Nutzen zieht aus den Einrichtungen, die der Staat zunächst für seine Bürger getroffen hat …«

»Was Berlin betrifft«, so fuhr er nach einer kleinen Weile fort, »so macht es auf mich einen ganz besonders erfreulichen Eindruck und ich bedauere nur, daß ich es nicht vor 25 Jahren gesehen habe, als ich auf der Reise nach Palästina hier in der Nähe vorbeikam. Aber wer dachte damals daran, daß man auch Berlin sehen müsse. München und Dresden und Köln standen auf der Reiseroute und wer diese drei Städte gesehen hatte, bildete sich wohl ein, daß er Deutschland nun um und um kenne. Jetzt fehlt mir der Maßstab zum Vergleiche und das ist ein schwerer Verlust für mich. Aber was ich sehe, ist großartig. Sie müssen hier eine vortreffliche Kohle brennen, daß sich nicht Ruß und Schmutz in dicken Schichten auf die Häuser legt. Welch herrliche Architektur auch in den bescheidenen Straßen, die Abwechselung mit den Ausbauten und den Balkonen eins an das andere gereiht, eins immer schöner als das andere; aber weit eindrucksvoller und wohlthuender noch ist ihr helles Gesicht, die lichten Farben, der freundliche, einladende Ton der Façaden. Wenn Mittags die Sonne darauf scheint und ihre Strahlen glitzernd hinüber huschen, jetzt darauf verweilen und dann die ganze lange Straßenzeile in wonnevolle goldene Pracht tauchen, dann ist das ein Anblick, an dem man sich nicht satt sehen kann und der für das Auge und Herz gleich wohlthuend und erfreulich ist.«

Nach einer kleinen Weile kam er noch einmal auf unsere Steuern zurück. »Wenn ich es mir recht überlege«, und bei der Erinnerung an sein gleich darauf geschildertes Erlebnis lachte er, »so kann ich es nicht einmal so sehr schlimm finden, daß man den Fremden, der in Deutschland weilt, besteuert. Denn in England machen sie es viel schlimmer, da besteuern sie den Fremden, wenn er Schriftsteller ist, auch wenn er seinen Fuß gar nie auf englischen Boden gesetzt hat. Meine Werke sind auch in London erschienen. Im vorigen Jahre erhielt ich nun von meinem Verleger eine diesem zugegangene Aufforderung, der englischen Steuerbehörde anzugeben, wie viel Nutzen ich aus meinem in London veröffentlichten Buche zöge, und diesen Gewinn zu versteuern. Vergeblich bemühte sich mein Verleger, darzuthun, daß dazu nicht die Spur eines Rechts vorhanden sei, er mußte bezahlen und sandte mir dann das ganze Aktenstück ein. Wir haben dann den Steuertarif von vorn bis hinten und von hinten bis vorn drei- und viermal durchstudiert, um herauszubekommen, unter welchen Steuertitel denn meine Heranziehung falle. Ganz zuletzt, man solle es nicht denken, fanden wir mit Paragraph und Nummer und Seitenzahl – jeder Irrtum war ausgeschlossen – meine Schriften als Gasfabrikate klassifiziert.«

»Als Gas?«

»Als Gas«, antwortet er. »Jeder Irrthum war ausgeschlossen. Das erscheint Ihnen unmöglich, aber es war so. Was man sich in London dabei gedacht, weiß ich nicht. Vermutlich hat man gewürfelt, welches Steuerkapitel man zur Deckung heranziehen wollte. Der Zufall hat es gut mit mir gemeint. Er hat die Wirkung des Buches unter die Explosionsstoffe eingereiht. Nun, wenn sonst Niemand, dann haben wir, ich und meine Freunde wenigstens darüber gelacht.«

»Und? Sie haben es nicht reklamiert?«

»Nein«, antworte er, »mein Verleger wollte es zwar und bat mich darum. Aber was soll ich gegen diejenigen vorgehen, die mein Wissen über England so köstlich bereichern? Wenn alle amerikanischen Autoren sich zusammengethan hätten, um diese Frage zum Austrag zu bringen, so würde ich mich nicht ausgeschlossen haben. Aber alleine prozessieren und mir bei der Verzwicktheit englischer Justiz den Kopf verdrehen und belasten? Nein, da zahle ich lieber, bin die Geschichte glücklich auf einmal los und habe nichts, das mich an meinen weiteren Arbeiten stört. Es geht nichts über Gemüthsruhe und Frieden.«

Das Alles hatte er in demselben überlegenden, ruhigen abwägenden Tone gesprochen, immer auf und abgehend. Er entpuppte sich heute nicht als der große Humorist, als den man ihn kennt, sondern als ein Weltweiser und ein Philosoph von hohem sittlichem Wesen. Nun man weiß, daß er ein Volk nicht allein unterhalten, sondern auch erziehen will, bekommen seine Schriften ein besonderes Gewicht und in diesem Sinne darf es für Amerika als ein Gewinn betrachtet werden, daß seine Erfolge als Schriftsteller nicht vermochten, ihn seiner journalistischen Thätigkeit zu entfremden. Hat er auch schon vor 35 Jahren aufgehört am Sätzerkasten die Typen aneinanderzureihen und hat er auch vor zwanzig Jahren den Platz am Redaktionspult aufgegeben, so fährt er doch gelegentlich fort, durch den Kanal der Zeitungen, die sich in Millionen kleinen Bächen über das Land verbreiten, geißelnd und dadurch zur Überlegung und Umkehr mahnend, hervorzutreten. Wir aber werden, wenn er über Berlin später einmal zu schreiben gedenkt, mit doppeltem Interesse die Aufzeichnungen erwarten, zu denen sein hiesiger Aufenthalt vielleicht führen wird.

– Max Horwitz

Mark Twain

BRESLAUER MORGENZEITUNG VOM 24. NOVEMBER 1891

(Mark Twain). Wie man weiß, beherbergt Berlin seit kurzem als Gast Mark Twain, den berühmten amerikanischen Humoristen, den zurzeit wohl überhaupt hervorragendsten satirischen Schriftsteller. Twain, mit seinem bürgerlichen Namen Samuel Langhorne Clemens, ist in Florida im Staate Missouri am 30. November 1835 geboren, feiert also binnen wenigen Tagen hier in Berlin seinen sechsundfünfzigsten Geburtstag. Wir haben, schreibt der »B. B.-G«, schon einmal an dieser Stelle bei anderer Gelegenheit ausgeführt, eine wie große Summe von Intelligenz und Geist sich in England und Amerika gerade in dem Stande der »Reporter« vereinigt findet.

Gleich Stanley, gleich dem mit göttlichem Humor begnadeten Charles Dickens ist auch Mark Twain aus den Kreisen der Reporter hervorgegangen. Allerdings reicht der Beginn seiner Zeitungs-Karriere noch weiter zurück. Er war ganz zuerst, was man in Amerika »Devil« nennt, nämlich Druckereijunge, und hatte als solcher die üblichen Handlangerdienste sowie das Überbringen der Manuscripte zu verrichten. Wer diesem kleinen, druckerschwarzen armen »Teufel« damals gesagt hätte, daß man ihm dereinst seine eigenen Manuscripte mit Gold aufwiegen werde?! Vom »Devil« schwang er sich zum Setzer in der Offizin einer californischen Zeitung auf, vertauschte aber bald die Setzlinie und den Winkelhaken mit dem Senkblei des Lotsen. Auf den Mississippi-Steamern machte er als solcher zahlreiche Fahrten und, wenn es auch als bekannt vorausgesetzt werden kann, so mag hier noch einmal daran erinnert sein, daß sein so weltberühmt gewordener Schriftstellername in Verbindung mit seinen Lotsen-Erlebnissen steht. »Mark Twain« wörtlich: »Markier zweimal«, bedeutet in der Sprache der Schiffsleute des Mississippi »Zwei Faden tief«.

Nachdem Mark Twain in Nevada Journalist geworden und mehrere Jahre in Virginia City an der »Entreprise« gearbeitet hatte, ging er als Special-Korrespondent nach den Sandwichinseln. Interessant ist es, daß Twain, welcher später eine unerschöpfliche Goldmine in seinem Talent entdecken sollte, auch als Silbergräber lange Zeit in den Minen des Territoriums Nevada die Spitzhacke geschwungen hat, allerdings ohne Erfolg.

Im Jahre 1867 trat ein Ereignis ein, welches für Twains ganzes Leben von entscheidender Bedeutung war. Eine Anzahl mehrerer hundert Amerikaner machte auf dem Dampfer »Quaker City« eine Vergnügungsfahrt ins Mittelmeer bis nach Ägypten und Palästina. Twain schloß sich dieser Gesellschaft an und schilderte, nach Amerika zurückgekehrt, ihre Erlebnisse in dem Buche »Innocents Abroad« (»Unschuldige in der Fremde«) mit hinreißendem Humor. Das Werk machte seinen Verfasser in den Vereinigten Staaten mit einem Schlage zum populären Mann. Hunderttausende von Exemplaren wurden in ein bis zwei Jahren davon verkauft.

Heute besitzt Twain, welcher für gewöhnlich in Hartford in Connecticut lebt, dort ein eigenes, sehr schön und behaglich eingerichtetes Haus. Er bildet auch insofern eine interessante, echt amerikanische Erscheinung, als er nicht nur Schriftsteller, sondern auch gleichzeitig Verleger seiner eigenen Werke und derjenigen anderer Autoren ist. So erschien z. B. in seinem Verlag die Selbstbiographie des Generals Grant, welche der ehemalige Präsident Nordamerikas auf seinem Krankenbette, ein sterbensmüder Mann, schrieb, um seiner Familie ein Vermögen hinterlassen zu können. Das Buch, welchem natürlich ganz Amerika ein fieberhaftes Interesse entgegenbrachte, trug den Angehörigen Grants 300 000 Dollar, also zwölfmalhunderttausend Mark Reingewinn und dem smarten Verleger eine gleich große Summe ein.

Twain weiß stets das Angenehme mit dem Nützlichen zu verbinden, und wenn er jetzt nach Berlin gekommen ist, um hier einige Monate zu verweilen und das Leben der Reichshauptstadt zu studieren, so benutzt er gleich die Gelegenheit, um für die amerikanische »World« eine Anzahl Berliner Feuilletons und Schilderungen zu schreiben, denen man mit großer Spannung entgegensehen wird. Einen sehr bedeutenden Theil der Kosten seines hiesigen Aufenthaltes wird Mark Twain dadurch sicherlich wieder herausschlagen, denn er ist gegenwärtig in Amerika der bestbezahlte Schriftsteller. Für eine Zeitungsspalte erhält er etwa achthundert Mark!

Wenn Twain auch zum ersten Mal in Berlin weilt, so hat er doch Deutschland bereits wiederholt besucht. Wir erinnern an das, was er von seinen Streifzügen durch den Schwarzwald, von seinen Neckarfahrten, von den Schwierigkeiten der deutschen Sprache in humoristisch-übertriebener Farbengebung in dem Buch »Tramp abroad« (Bummel in der Fremde) erzählt. Erst im vergangenen Sommer hielt sich Mark Twain in Hannover auf und hat um jene Zeit auch einen Touristen-Abstecher nach Friedrichsruh gemacht. Welch eine interessante Begegnung wäre das gewesen, wenn ein Zufall den Fürsten Bismarck und den berühmten Amerikaner zusammengeführt hätte.

Mit seiner Gattin, seinen erwachsenen Kindern und einer französischen Kammerfrau ist der ehemalige Setzer, Lotse und Schatzgräber vor wenigen Tagen in Berlin eingetroffen, wo in der Körnerstraße ein ganzes Parterre für ihn auf mehrere Monate gemiethet und eingerichtet war. Seine Erscheinung verräth sofort den Mann von Bedeutung. Auf einem schmächtigen Körper sitzt ein prächtiger, angegrauter Kopf mit buschigen Augenbrauen, unter denen dolchscharfe Blicke hervorschießen. Mark Twain ist Yankee vom Wirbel bis zur Sohle und demgemäß von einem unerschütterlichen Phlegma. Wenn das Haus in Flammen stünde, würde er nicht von seinem Schreibtisch aufstehen und gewiß dann erst die Feder im Tintenwischer abtrocknen und ärgerlich bei Seite legen, wenn die Spritzenmänner das Zimmer mit Wasser überflutheten. Apropos – Mark Twain vermag gegenwärtig die Feder gar nicht zu führen; er leidet an Rheumatismus am rechten Arm und hofft, das Übel hier zum Teufel jagen zu können. Seine liebenswürdige Gattin ist jetzt sein Secretär geworden; er dictirt ihr täglich, aber das wird ihm, wie er selbst erklärt, »höllisch schwer«.

Er ist nämlich durchaus nicht an das Dictiren gewöhnt und hat von jeher seine eigenen Gedanken auch selbst niedergeschrieben. Mark Twain spricht bedächtig langsam, als überlegte er noch einmal jedes Wort, bevor er es von den Lippen läßt. Man muß sich nur nicht vorstellen, daß er für jeden Besuch gleich ein kleines Brillantfeuerwerk von Geist losprasseln läßt. Er ist im Gegentheil ernst; er hält Haus mit seinem Witz, vergeudet ihn nicht ohne Zweck. Interviewern gegenüber erweist sich der gefeierte Schriftsteller als eine schwer zu knackende Nuß. Seine kurzen, knappen, alles verschweigenden Antworten können die Bleistift-Morose der Journalisten zur Verzweiflung bringen. Twain huldigt dem praktischen Grundsatz: »Mich interviewen? Weshalb? Um etwas darüber in den Zeitungen zu veröffentlichen? Aber das kann ich selbst ja weit besser allein besorgen!«

Von gut unterrichteter Seite wird sein Vermögen auf zwei Millionen Dollar geschätzt. Welche Schätze doch mitunter aus dem schwarzen Zaubersaft der Tinte zu gewinnen sind. Es bedarf dazu – nur der Wunderfeder und einer guten Portion Glück. Obwohl Twain hier in Berlin zurückgezogen leben will – er hat bisher nur Besuche beim amerikanischen Gesandten Mr. Phelps, bei Herrn von Bötticher und Rottenburg abgestattet – bildet er begreiflicherweise den Mittelpunkt des Interesses und der aufmerksamen Seite der hiesigen englisch-amerikanischen Kolonie, und er hat sich auch entschließen müssen, eine Einladung zum »Thanksgiving Day«-Bankett, welches nächste Woche im Englischen Hause stattfindet, anzunehmen.

Er ist übrigens ein mäßiger Esser und noch ein mäßigerer Trinker. Verrathen wir schließlich noch, daß Twains deutscher Lieblingsdichter Heinrich Heine ist und daß er Berlin »ungeheuer rein« findet. Auch der Verwaltung Berlins, soweit er sie bisher kennen gelernt hat, spendet Mark Twain warmes Lob. Nur eine einzige Stadt könne er in dieser Beziehung mit Berlin vergleichen und das sei – Glasgow.

Unlängst machte Twain, der auch schon mehrere Theater und öffentliche Anstalten in Berlin besucht hat, eine Rundfahrt in einer Droschke zweiter Klasse. Welch lüstliches Kapitel über die »Abenteuer in einem berliner Droschkenkarren, bespannt mit einem angeblichen Pferd« mag der große Humorist wohl bereits im Kopf haben?!

Amerika in Berlin

BERLINER TAGEBLATT VOM 14. JANUAR 1892

Gestern Abend gegen acht Uhr konnte man in der Berliner Wilhelmstraße meinen, auf dem Broadway in New-York zu sein. Amerikanische Gestalten, amerikanische Gespräche! Die Täuschung wurde durch den Nebel erhöht, der die heimischen Bauten und Ladenschilder mit weißen Schleiern verhüllte und nur unter Gaslaternen und elektrischen Lampen den Menschenstrom erkennen ließ, welcher einer hohen, gothisch gewölbten Einfahrt zusteuerte. Im großen Saale des christlichen Vereines junger Männer – so war angekündigt – sollte der amerikanische Humorist Mark Twain eine Vorlesung halten und zwar zum Besten des Baues einer amerikanischen Kirche in Berlin. Augenblicklich fehlt es noch an einer solchen, der Bau ist ein Lieblingsprojekt der gesamten amerikanischen Kolonie, und sie bethätigte ihr Interesse an dem Unternehmen durch ungewöhnlich zahlreiches Erscheinen. Dr. Stuckenberg, der amerikanische Prediger, machte die Honneurs des Abends und wurde von jungen Herren aus der Gesellschaft unterstützt. Laut Programm sollte Mark Twains Vorlesung durch Gesang und Cellovorträge amerikanischer Künstler und Künstlerinnen unterbrochen werden.

Ich kam sehr früh, denn ich sehe gern ein Publikum werden und wachsen. Auch erlauscht man sich da allerlei Unterhaltendes und Belehrendes. Heute gab die fast allgemein in englischer Sprache geführte Konversation auch den wenigen, in die Ausländer hinein verschneiten Deutschen die richtige Vorbereitung und Mark Twain-Stimmung.

Anfangs sah ich fast nur Damen, junge hübsche Damen mit excentrischen Hüten, federwippenden, rothbeschleiften, mit schmalen, feinen interessanten Gesichtern und schlanken graziösen Gestalten. Dann tauchten einzelne Herren auf; auf den Eckplätzen der Reihen waren es wohl meist Berichterstatter von Zeitungen, und wenn sie deutscher Zunge waren, hat ihnen Mark Twains leise abgerissene Sprechweise manche Nuß zu knacken aufgegeben. Dann erschienen noch andere Herren, ja die jungen Republikanerinnen in meiner Nähe bemerkten mit Ehrfurcht und Entzücken zwei »wirkliche« Offiziere in Uniform.

Der Saal war gefüllt, alle Köpfe drehten sich der Thür zu; der hohe, kirchenähnliche Raum, welcher sonst wohl nur zu Gottesdiensten benutzt wird, hat gewiß nie so viel Eleganz und Neugier, oder sagen wir besser Spannung, vereint gesehen. Wie wird er sein? Wie aussehen? Gelesen hat jeder von ihm, aber auch von seinen Landsleuten haben ihn nur wenige gesehen. Da führt Doktor Stuckenberg einen schlanken, großen, weißköpfigen Herrn durch die Menge zum Podium. Der Gesangsvortrag eines jungen Amerikaners beginnt, Mark Twain setzt sich nieder und lauscht gespannt dem Gesange.

Ich saß nur einige Schritte vom Podium entfernt und konnte den beliebten Humoristen genau betrachten. Ein schmales blasses kühnes Gesicht unter dem weißen mähnenähnlichen Haar; dunkle, kleine, tiefliegende Augen blitzen bald unter buschigen, noch dunklen Brauen, bald blicken sie scharf beobachtend in die Ferne; eine gebogene Nase mit gewölbten Nasenlöchern, ein dunkler langer Schnurrbart über einem geistreichen Munde, ein kräftiges Kinn, dazu eine schmiegsame, leicht bewegliche, elegante Gestalt.

Hush! hush! er fängt an zu sprechen. Mr. Samuel Langhorne Clemens, so ist Mark Twain's bürgerlicher Name, begiebt sich nicht auf das Katheder, er steht auf dem Podium frei da, ja er geht hin und her, er bewegt sich lebhaft während des Vortrages.

Mit einer Entschuldigung fängt er an. Er habe jüngst in Dresden für einen wohlthätigen Zweck gelesen, da sei der Diakonus auf ihn zugestürzt gekommen: »Sir, wo sind Ihre weißen Glacéhandschuhe? Wie wollen Sie ohne Glacéhandschuhe lesen?« Ich wusste nichts zu antworten, so sagte ich: »Ich pflege mit einer Brille zu lesen.« Darauf der Andere: »Dreierlei ist in Deutschland heilige Sitte, die nicht verletzt werden darf, der Toast auf den Kaiser, das ›Gesegnete Mahlzeit‹ nach Tisch und die weißen Handschuhe beim Vortrag.«

»Daß ich einem dieser drei Kardinalgrundsätze der guten Sitte heute wieder ins Gesicht schlage, fühle ich mit Beschämung, indem ich vor ein deutsches Auditorium, bestehend aus amerikanischen Bürgern, trete.« So bekannte Mr. Clemens zerknirscht. Niemals, außer vielleicht bei Julius Stettenheims Tischreden, habe ich derartige Lachsalven gehört, wie sie hier nach jedem Satze erschollen. Mark Twain spricht trocken, ernst, er unterstützt seine Rede durch Gesten, doch nie verzieht er seine Lippen, ja auch seine Augen lachen nicht. Was er spricht, klingt improvisiert; nur wenige Stellen aus seinem Buch ›Über die deutsche Sprache‹ las er vor, alles Andere trug er vollkommen frei, im Plaudertone vor, als sei es das Werk eines Augenblicks.

Von unwiderstehlicher Komik sind seine Auslassungen über die deutsche Sprache, über die trennbaren Wörter, z. B. das Abreisen, bei dem man zwischen Ab und reisen so viel sagt, daß man gewiß den Zug versäumt, über die tückischen Dative, welche wie Plurale klingen, so daß einmal Jemand einen Hund im Dativ für Zwillingshunde gehalten habe, vor allem über die Geschlechter. Daß das Weib ein Neutrum wäre, ebenso wie das Mädchen, sei eigentlich ein wenig hart, von der Grammatik gegen die Ärmsten, auch denke er es sich nicht gerade angenehm, daß der Mann bald einen männlichen Kopf und bald ein sächliches Haupt habe. Die Fülle von Geschlechtern bei Mensch, Thür und Gegenstand berühren freilich auch die Sprache, und so habe er versucht, diese Mannigfaltigkeit auch auf seine Sprache zu übertragen und eine kleine Geschichte mit dem richtigen ›Er, Sie, Es‹ auszustatten.

Um die Komik der ›Geschichte der alten Fischfrau‹ vollkommen zu würdigen, mußte man freilich ein Yankee-Ohr mitgebracht haben.

Nachdem eine schöne junge Amerikanerin eine Kantilene und ein Allegro von Goltermann auf dem Cello geläufig vorgetragen, erzählte Mark Twain die Geschichte von der Blau-Elster aus seinem ›From a Tramp Abroad‹. Am Schlusse des Abends ergötzte er seine Zuhörer durch Wiedergabe eines Dialogs mit seinem ersten Interviewer, wie er diesen Wissensdurstigen so gründlich enttäuscht, daß ihm – Mark Twain – der Rath geworden, er möge um Gottes Willen den Mund hermetisch verschließen, wenn er seinen Namen nicht ganz verlieren wolle. So smart hätte er den Interviewer hinters Licht geführt. Der Humor dieser Szene war echt amerikanisch und berührte etwas fremdartig.

Trotz dieser Abschreckungsmethode werden – fürchte ich – die deutschen Interviewer seit diesem Abend bei Mr. Clemens nicht ausbleiben. Er hat sich mit seiner Gemahlin und seinen beiden hübschen erwachsenen Töchtern für den Winter hier häuslich niedergelassen; man sagt, daß er Berliner Korrespondenzen für ein großes New-Yorker Blatt schreibe. Zu sehen, wie sich unser Leben und unsere Zustände in diesem scharf satirischen und doch auch liebenswürdig humorvollen Kopfe spiegeln, dürfte besonders interessant sein. Mark Twain hat heute nur von unserer Sprache und unseren Glacéhandschuhen gesprochen. Wie wäre es, wenn er uns einmal ohne Glacéhandschuhe ehrlich sagte, was er über uns denkt? Ungarische, italienische, französische, holländische Schilderungen Berlins haben wir schon gelesen, ein Mark Twain als Berliner Sittenschilderer fehlt uns noch.

Anhang

Zu den Quellen

Bislang wurde Mark Twains Aufenthalt in Berlin noch nie in dieser Ausführlichkeit recherchiert, und die Anzahl der Quellen dazu ist limitiert. Twain selbst hat ein Tagebuch hinterlassen, aber da er unter Rheumatismus litt, hat er häufig nur einzelne Wörter notiert, oft genug Wochen nach dem Ereignis. Das Tagebuch, aber auch Briefe von und an Twain sind Teil der Mark Twain Papers in der Universität von Berkeley, California. Eine weitere Quelle sind die Aufzeichnungen, die Twain seinem Biographen Albert Bigelow Paine 1907 in die Feder diktiert hat, sowie die daraus resultierende Biografie »*Mark Twain, Biography* von 1912. Berlin ist darin aber nur selten erwähnt.

Eine zusätzliche Quelle war das Buch *Abroad with Mark Twain and Eugene Fields* von Henry William Fisher. Dies ist allerdings mit Vorsicht zu genießen; zwar behauptet Fisher, viel Zeit mit Twain verbracht zu haben, Twain selbst erwähnt allerdings Fisher nur selten, und viele Erlebnisse, die Fisher notiert hat, gar nicht. Dazu kommt, dass Fisher sein Buch auf dem Höhepunkt einer anti-deutschen Welle in Amerika veröffentlichte, während Twain eher germanophil war.

Ebenfalls interessant ist das Buch von Pastor James Dickie, *In the Kaiser's Capital*, wobei auch Dickie Twain erst später in New York getroffen hat. Auch Twains Tochter Clara hat in dem Buch *My Father, Mark Twain* ihre Memoiren hinterlassen, zudem gibt es ein (unveröffentlichtes) Tagebuch von Twains Tochter Jean. Aber auch Claras Memoiren sind nicht ganz zuverlässig; so schreibt sie, dass ihr Vater Berlin für Wochen für New York verlassen habe, das ist aber gänzlich unmöglich.

Erwähnung findet Mark Twains Berlin-Aufenthalt auch in den Erinnerungen »Memories Of A Southern Woman Of Letters« der Südstaaten-Chronistin Grace King. King kannte die Familie Clemens persönlich und stand mit ihr in Briefkontakt. Sie war zur gleichen Zeit in Europa wie Mark Twain und seine Frau, man traf sich in Florenz, nur kurze Zeit nach den Berliner Monaten Mark Twains. Ihr Einblick in das Familienleben der Clemens war nicht umfassend, dürfte aber authentisch gewesen sein – mit der Einschränkung, dass sie ihre Erinnerungen erst 1932 veröffentlichte.

Weitere Details zu Twains Leben liefert Caroline Thomas Harnsberger in ihrem Buch »Mark Twain. Family Man«. Caroline Harnsberger war persönlich bekannt mit Clara Clemens und hatte Zugang zu deren Archiv. Zwar äußert sie sich nur kurz zu Mark Twains Aufenthalt in Berlin, dafür aber ausführlicher zu seiner Tochter Clara Clemens und beispielsweise ihrem Schulbesuch in der Boarding School von Mrs Willard.

Twain hat viel seiner Zeit in Berlin mit Amerikanern verbracht, aber auch mit deutschen Diplomaten und Hofoffiziellen. Sein bester Freund in Berlin und danach war Rudolf Lindau, ein weitgereister Romanautor und Bismarcks Presseattaché in Paris. Die beiden müssen faszinierende Gespräche geführt haben, leider ist fast nichts davon enthalten. Dasselbe gilt für die Gespräche von Twain mit Maximilian von Versen, Fritz von Rottenburg, Heinrich von Boetticher und anderen Berlinern. Twain hatte ganz sicher eine Meinung über die politische Situation im Berlin von 1890, aber leider hat er darüber nie etwas veröffentlicht, so dass wir auf Mutmaßungen angewiesen sind.

Literatur

Geschichten von Mark Twain

Mark Twain. [*The Berlin Postal Service*], 18 January 1892, Microfilm Edition of Mark Twain's Literary Manuscripts Available in the Mark Twain Papers, The Bancroft Library, University of California, Berkeley.

Mark Twain. *The Chicago of Europe.* In: *The Chicago Daily Tribune*, 3. April 1892, Seite 33.

Mark Twain. *Conversations with Satan* (excerpt) in: Twenty-Two Easy Pieces by Mark Twain: Unpublished Manuscripts Selected from the Mark Twain Papers (2001), Bancroft Library, Berkeley, CA, University of California Press.

Mark Twain. *[Fragment of Prussian History. Wilhelmina, Margravine of Bayreuth], 1897–1898.* Microfilm Edition of Mark Twain's Literary Manuscripts Available in the Mark Twain Papers, The Bancroft Library, University of California, Berkeley.

Mark Twain. *The Innocents Abroad.* Penguin Classics, New York, NY, 2007. Erstausgabe 1867, American Publishing Co.

Mark Twain. [*On Renting A Flat in Berlin]*, 1891. Partly Published in: Paine, Albert Bigelow. *Mark Twain, Biography*: New York, Harper & Bros., 1912. Full text at the Microfilm Edition of Mark Twain's Literary Manuscripts. Available in the Mark Twain Papers, The Bancroft Library, University of California, Berkeley.

Mark Twain. *A Tramp Abroad.* Penguin Classics, New York, NY, 1997. Erstausgabe 1880, American Publishing Company. Appendix D: »The Awful German Language.«

Quellen von den Mark Twain Papers, The Bancroft Library, University of California, Berkeley

Clemens, Jean. Diary, October 1891–August 1892 (unpubl.).

Letters from Mark Twain and Olivia Clemens to various recipients from October 1891 to April 1891.

Mark Twain. Mark Twain's autobiographical dictations according to Albert Bigelow Paine (1907).

Mark Twain. Notebook 31 August 1891–July 1892, No. 31.

Various letters to Mark Twain from October 1891 to April 1891.

Mark Twains Notizbücher, autobiografische Diktate und Briefe sind in der Microfilm Edition von Mark Twains literarischen Manuskripten katalogisiert. Sie sind in den Mark Twain Papers in der Bancroft Library, University of California, Berkeley, verfügbar (Titel: Microfilm Edition of Mark Twain‹s Manuscript Letters. Now in the Mark Twain Papers, The Bancroft Library University of California, Berkeley; or Microfilm Edition of Mark Twain's Previously Unpublished Letters.)

Bücher

Baedeker, Karl. *Berlin und Umgebung.* Baedeker, Leipzig, 1892.

Clemens, Clara. *My Father, Mark Twain.* Harpers & Bros., New York, NY, 1931.

Dickie, James F. *In the Kaiser's Capital.* Dodd, Mead and Company, New York 1912.

Fisher, Henry W. *Abroad with Mark Twain and Eugene Fields. Tales Told by a Fellow Correspondent.* Nicholas L. Brown, New York, NY., 1922.

Harnsberger, Caroline Thomas. *Mark Twain. Family Man.* Citadel Press, New York 1960.

Hillenbrand, Rainer (Herausgeber). *Das erzählerische Werk Rudolf Lindaus.* Peter Lang, Frankfurt/Main 2005.

Hillenbrand, Rainer (Herausgeber). *Die politische und literarische Korrespondenz Rudolf Lindaus.* Peter Lang, Frankfurt/Main 2007.

Hoffmann, Heinrich. *Slovenly Peter* (Der Struwwelpeter). Translated by Mark Twain. Harper & Bros., New York, NY, 1936.

Klein, Hans-Günter. *Die Familie Mendelssohn:* Stammbaum von Moses Mendelssohn bis zur siebenten Generation. Zusammengestellt auf der Grundlage der Erhebung von Richard Wolff. 2., korr. und erw. Aufl., Berlin 2007, Beiträge aus der Staatsbibliothek zu Berlin – Preußischer Kulturbesitz.

Locher, Albert. *Mit Mark Twain durch Europa: S. L. Clemens in der Alten Welt (1891–1904).* Books on Demand, 2007.

Löschburg, Winfried. *Unter den Linden. Geschichte einer berühmten Straße.* Der Morgen, Berlin 1980.

King, Grace. *Memories of a Southern Woman of Letters.* Pelican Publishing, Gretna, Louisiana 2008, 1. Ausgabe 1932.

Mann, Heinrich. *Der Untertan.* Kurt Wolff, Leipzig, 1918.

Paine, Albert Bigelow. *Mark Twain, Biography: The Personal and Literary Life of Samuel Langhorne Clemens.* Harper & Bros., New York 1912.

Paine, Albert Bigelow. *Mark Twain's Notebook.* Harper Row, New York, NY, 1935.

Rodney, Robert. *Mark Twain Overseas. A Biographical Ac-*

count of His Voyages, Travels, and Reception in Foreign Lands, 1866–1910: Passeggiata Press, Pueblo, CO, 1993.

Stiftung Deutsches Adelsarchiv. *Genealogisches Handbuch des Deutschen Adels.* Starke Verlag, Limburg 1951.

Werthern, Alfred von. *General von Versen: Ein Miliärisches Zeit- und Lebensbild aus hinterlassenen Briefen und Aufzeichnungen zusammengestellt.* Print on Demand, 2010.

Winteroll, Michael. *Die Geschichte Berlins: Ein Stadtführer durch die Jahrhunderte.* Nicolai, Berlin 2007.

Zeitungsartikel

Beaulieu, G. v.: »Amerika in Berlin.« In: *Berliner Tageblatt*, Berlin, 14. Januar 1892.

Breslauer Morgen-Zeitung: »Mark Twain.« 24. November 1891.

Chicago Daily Tribune: »Ate Turkey Abroad.« 27. November 1891.

Eaton, Anne T: »Mark Twain's Version of *Slovenly Peter.*« In: *The New York Times*, 17. November 1935.

Horwitz, Max: »Mark Twain in Berlin.« In: *National-Zeitung*, Berlin, 15. November 1891.

The New York Times: »The Start for Germany.« 12. April 1878.

The New York Times. »Court Calls in Berlin.« 2. Januar 1892.

The New York Times: »A Reformer of German.« 17. August 1892.

The New York Times: »Twain's Daughter Talks About Him.« 14. Juni 1908.

The New York Times: »Gen. Bingham Dies at Summer Home.« 7. September 1934.

The New York Times: »Brilliant Season at Height in Berlin.« 12. Februar 1911.

The New York Times: »Miss Clemens to wed Mr. Gabrilowitsch« 7. Oktober 1909.
The New York Times: »Berlin Galleries' Newest Home.« 26. August 2011.

Berliner Archive

Bauakte des Hauses Körnerstraße 7, 1867–1902: Landesarchiv Berlin.
Hobrechtplan 1867; Stadtplan von 1888: http://www.zlb.de/berlin_studien/digitalisate/digitalisate_zbs
Berliner Adressbücher: adressbuch.zlb.de.

Abbildungsverzeichnis

Sollten trotz sorgfältiger Nachforschungen nicht alle Rechteinhaber korrekt ermittelt worden sein, so bitten wir um Mitteilung an den Autor oder den Verlag.

Personenregister

Die Beteiligten

Andreas Austilat, geboren 1957, ist stellvertretender Leiter des Ressorts Sonntag beim *Tagesspiegel.* Dort ist er außerdem zuständig für den Themenbereich Geschichte, regelmäßig erscheint seine beliebte Kolumne *Meine Frau, ihr Garten und ich.* Er veröffentlichte drei Bände mit Reisereportagen aus dem Berliner Umland. Jüngst erschien sein Buch *Hotel kann jeder – Meine Frau, unser Wohnwagen und ich.* Er ist verheiratet, hat Sohn und Tochter und lebt in Berlin.

Horst Fugger ist Diplom-Psychologe, er arbeitet seit mehr als 25 Jahren als Journalist, Fachautor und Übersetzer. Seine Artikel wurden in *Börse Online, Focus Money, Süddeutsche Zeitung* und *Financial Times Deutschland* veröffentlicht. Zu seinen wichtigsten Übersetzungen zählen die Biografie von Warren Buffett und die Autobiografie von David Rockefeller. Er lebt mit seiner Familie in Oberbayern.

Harald Martenstein ist Redakteur des *Tagesspiegels* in Berlin und Kolumnist der *ZEIT.* Der in Mainz geborene Journalist und Feuilletonist hat mehr als ein Dutzend Bücher verfasst, darunter die Romane *Heimweh* und *Gefühlte Nähe,* und hat mehrere Kolumnenbände veröffentlicht. 2004 bekam er den Egon-Erwin-Kisch-Preis und 2012 den Theodor-Wolff-Preis.